Le Commerce Raisonné

FAISANT SUITE A COMPTABILITÉ SIMPLIFIÉE

CONTENANT

Tout ce qu'il est Nécessaire de Savoir

POUR CRÉER,
POUR ORGANISER,
POUR DIRIGER,
POUR CÉDER

TOUTE MAISON DE COMMERCE DE VENTE AU DÉTAIL

PAR

L'AMI DU COMMERCE
HENRY
A MONTMERLE (AIN)

IMP. G. MALACHANNE
J. COURROUY, Successeur
2, Plan-de-l'Aspic, 2
NIMES

COMMERCE RAISONNÉ

INTRODUCTION

Tous, gros ou petits commerçants, nous nous sommes lancés dans les affaires avec la même ambition :

Faire beaucoup d'affaires, les faire bonnes, pour arriver à de beaux bénéfices !

Je ne dirai pas que pour cela, nous sommes disposés à employer *tous* les moyens — Mais ce qui est vrai, c'est qu'un bon commerçant est toujours à l'affût, à la recherche, de tout ce qui peut améliorer la situation ou la bonne marche de sa Maison — cela tout en restant dans les plus strictes limites de la plus rigoureuse honnêteté.

Pour y arriver tout commerçant sérieux compte d'abord :

1° — **Sur sa puissance de travail,** et il a raison, car c'est un facteur essentiel.

2° — **Sur l'emploi judicieux du Capital,** point aussi important.

3° — **Sur une bonne organisation,** tout aussi nécessaire, mais plus difficile à réaliser.

A-t-il raison de compter sur la chance comme quatrième facteur de réussite ?

Evidemment, **Oui,** car c'est l'un des meilleurs ; et je vous affirme que c'est celui qui manque le moins — Mais il faut savoir en saisir **l'occasion** quelquefois unique ; il faut en tous cas, et toujours voir le meilleur parti à tirer de tout ce qui se produit : détail infime ou évènement sérieux.

Tous nous avons ou nous aurons **telle occasion** qui, si nous savons en profiter sera le point de départ de la **RÉUSSITE**. Et ce sera souvent un départ bien modeste, car, reconnaissons-le, les grandes chances, les succès rapides sont aussi rares, qu'habituellement éphémères — Je vous engagerai donc à savoir profiter de tous vos moyens, de tous vos avantages. **Profiter** ne veut pas dire qu'il faut être un **profiteur** dans le sens étroit que notre époque lui a attribué. Je serai le premier à flétrir ce mode de réussir, tout au moins indélicat et je ne vous enseignerai jamais un bénéfice à faire au détriment d'un tiers ; c'est là un métier qui n'a pas besoin d'école — mais je vous montrerai bien des forces perdues inutilement et qui mieux employées, vous rapprocheraient plus vite du but poursuivi.

Pourquoi tel commerçant que vous avez connu sérieux, travailleur, ordonné, a-t-il sombré sans cause évidente ? Pourquoi tel autre végète-t-il depuis de longues années, alors qu'un confrère bien moins doué cependant, ne connaît que des succès ?... La chance (en plus du travail, du capital, de l'ordre), y est sans doute pour beaucoup.

Mais êtes-vous bien sûr que le premier n'ait pas eu **un moment** qu'il a laissé échappé et qui l'aurait sauvé ? — Ne croyez-vous pas que le second, dans toute sa vie commerciale, si monotone ait laissé passer l'un après l'autre sans les utiliser, bien des petits détails que justement le dernier a su utiliser.

En passant en revue comme nous allons le faire, toute l'existence d'une maison de commerce depuis **sa création** jusqu'à sa **cession**, nous aurons l'occasion de noter bien des causes de succès, et s'il nous est donné d'en faire notre profit nous n'y manquerons pas. Ce ne sera jamais d'ailleurs au détriment de personne, pas même du client, qu'il nous faut ménager ; mais toujours par l'emploi *le meilleur*, de **TOUS** les éléments en notre pouvoir.

Création, Organisation d'une Maison de Commerce

Vous voilà muni d'un Capital de et décidé à créer ou acheter une Maison de Commerce.

La première chose essentielle à examiner sérieusement — c'est **le rapport** qui doit exister entre 1° la somme à consacrer à l'organisation, la création ou l'achat, et 2° celle qui sera réservée à la bonne marche de l'affaire une fois lancée.

Il est absolument impossible de fixer d'une manière générale, même approximative, la proportion à garder entre ces deux parts de votre capital. — Tel métier exige une première mise de fonds importante pour l'installation elle-même et la mise en marche, et ne demande ensuite qu'un fonds de roulement, relativement restreint : Ce sera le cas des commerces où *le travail* entre pour une grosse part, comme les hôtels, restaurants, coiffeurs et autres maisons analogues.

— Tel autre demandera par parts égales une installation flatteuse et coûteuse ; et une avance sérieuse de capitaux, toujours en mouvement.

— D'autres commerces au contraire, n'ont besoin que de peu d'apparences, de matériel, mais forcent à accumuler un **Stock** de marchandises important,

d'écoulement plus ou moins rapide,

de paiement plus ou moins différé. La grosse part devra donc dans ce cas, être réservée pour l'alimentation en marchandises ; sans l'obligation d'user de notre crédit à la Banque ou auprès des fournisseurs. Ce crédit en effet ne nous sera pas accordé **gratuitement** et nous supprimera la grosse part de bénéfices.

Il faut insister sur ce point, pour les débutants, car il est essentiel : **Il est de beaucoup préférable de commencer par une affaire modeste** — dont tous les bénéfices vous resteront, que de dépenser tous vos efforts dans une situation **apparemment** plus brillante, mais grevée dès le début d'un poids mort qui l'alourdit. Le meilleur de vos forces, de votre jeunesse, s'usera à payer sans profits des intérêts pour l'argent avancé. Et quand vous arriverez à vous libérer, si vous y arrivez, vous serez fatigué, déjà un peu déçu, en tous cas n'ayant plus l'entrain, **LE FEU SACRÉ** du débutant — Vous aurez gâché, en croyant bien faire, votre première **chance** de succès — Ne débutez donc que par l'affaire que vous êtes moralement sûr de pouvoir alimenter par vos propres moyens.

Vous y aurez un peu moins de vaine satisfaction, mais ce qui vaut mieux, beaucoup plus de résultats certains.

Ce sera pour vous le meilleur moyen d'avoir plus rapidement et bien à vous la brillante affaire qui vous tentait au début.

Donc première règle : **N'entreprenez rien au-dessus de vos forces connues** — Conservez pour l'imprévu, votre possibilité de crédit et n'en usez qu'à coup sûr, et en dernière ressource.

Êtes-vous décidé pour tel ou tel genre de commerce, et pour tel ou tel pays ?...

Rappelez-vous qu'il n'existe pas de commerces sans **CONNAISSANCES SPÉCIALES ;** c'est un cliché d'annonces, il est toujours trompeur. Le simple commerce tout court, demande déjà lui-même des connaissances et des aptitudes particulières. Pour réussir commercialement, il faut que vous ayiez ces aptitudes ou du moins que, les connaissant, vous les aimiez assez pour tâcher de les acquérir. Un professeur de violon par exemple, ne sera la plupart du temps qu'un fichu épicier. Un bon épicier pourra être un très mauvais marchand d'autres articles.

Il faut connaître et aimer ce que l'on vend, même dans le cas de marchandises toutes prêtes et sans manipulations.

A plus forte raison s'il s'agit d'articles, sur lesquels vous devrez parler ; que vous devrez faire fonctionner, transformer. — Vous devez, pour réussir, convaincre le Client ; Comment le ferez-vous, si vous êtes, suivant le terme admis, **moins « calé » que lui ?**

N'entreprenez donc pour votre compte qu'un Commerce que vous connaissez bien au besoin faites un stage chez un ami, où vous vous renseignerez en l'aidant dans son travail.

Mais puisque vous êtes **décidé**, c'est que vous savez votre métier ; vous l'avez du moins choisi parce que vous êtes persuadé que c'est celui auquel vous êtes **le mieux préparé**.

Question essentielle ! On ne connaît bien que ce que l'on a vécu ; et il est tel valet de chambre, par exemple, qui regrettera toute sa vie d'avoir acheté un commerce avec ses économies de « place » ; tel coiffeur qui regrettera son salon, échangé contre un magasin de chapeaux, etc. Restez donc dans le métier que vous connaissez. **Tous sont bons, le meilleur est celui qu'on dirige le mieux.**

Vous voulez vous fixer dans TELLE VILLE !

Fort bien, mais savez-vous, si on y a besoin justement du commerce, que vous voulez y créer ? Etez-vous sûr que celui que l'on veut vous céder, était en bonne marche ? ou au moins que la ville peut lui fournir les éléments suffisants ? ou que les concurrents n'y sont pas déjà trop nombreux ?

Ne craignez pas à ce sujet de vous renseigner abondamment. — Il y a place pour tous sous le soleil. — C'est entendu à condition que tous ne veuillent pas être à la **même** place. — Méfiez-vous des villes à **réputation connue** pour telle ou telle chose. Vous y arrivez plein d'espoir et vous vous trouvez noyé dans un flot de collègues faméliques, aigris par une concurrence trop nombreuse, etc... ; la réputation de la ville trop connue, les a comme vous amenés là, mais le succès n'est que pour les deux ou trois favorisés qui ont LA BONNE PLACE, et vous dernier venu, vous ne pouvez espérer les supplanter.

Choisissez donc **la ville qui convient** à votre métier ou commerce. **Choisissez surtout la bonne place**, c'est essentiel !.. Dans certains commerces au moins, du moment que vous vous adressez à la foule, telle rue, ou partie de rue tel côté de trottoir a une influence sérieuse sur la vente ; et le nombre de clients qui passeront chez vous.

Vous voyez bien qu'il faut être du métier pour savoir choisir sa place. Un Bazar n'ira pas s'installer dans une rue tranquille bien à l'ombre, et à l'abri des affaires, — Comme il lui faut des étalages, il se mettra rarement dans une rue étroite, à moins que très passagère. — Mais dans ce cas, il reculera sa façade, s'il le peut, ou l'ouvrira largement, pour qu'on y puisse flâner, stationner — C'est le métier qui le veut — La rue tranquille fera peut-être au contraire le **rêve** du marchand de meubles parce qu'il se fera connaître par publicité... ou du restaurant à pensionnaires-- etc. — Choisir la bonne place, n'est pas toujours, *prendre la plus en vue*, mais prendre *la meilleure* pour le genre de clientèle et de travail que l'on recherche. Par exemple, il n'est pas rare de monter trois ou quatre marches, chez la modiste, le grand confectionneur, le bon coiffeur ; — mais l'épicier, le pâtissier, le bazar, le papetier, éviteront toujours cette disposition. En plus de leur clientèle fixe et **connue**, ils ont une clientèle d'occasion, de passage, qui voudrait avoir tout le magasin dans la rue ! Dans ces métiers, on doit donc éviter tout ce qui retarde ou gêne le client, ou rend les abords de la marchandise, non pas même *difficile*, mais simplement moins naturelle, moins obligatoire.

Si vous pouviez faire un banc d'étalage en travers du trottoir, gênant la circulation, vous entendriez grogner souvent le passant certes ! mais votre magasin, votre marchandise serait remarquée — et souvent... **achetée**. —

C'est cependant une exagération dont il faut se garder d'abuser. — Elle n'est pas d'ailleurs habituellement autorisée ! —

La place, l'emplacement. les abords, plus ou moins faciles, plus ou moins calmes ou mouvementés peuvent donc être sources de succès futurs ou d'insuccès complet. — Il doivent être sérieusement examinés, au point de vue de l'affaire à monter — Y a-t-il des règles qui vous aideront à fixer votre choix ? —

Des règles absolues, je ne crois pas — mais de forte probalité ; sans aucun doute ! —

Les commerces ou métiers qui s'adressent à la *foule* des clients fortunés ou non, chercheront dans l'endroit passager, très fréquenté, le magasin bien en vue, et d'abords les plus faciles --- S'il est détaillant de marchandises courantes ; alimentation ménage, cartes postales, souvenirs pour passagers, il recherchera en outre à pouvoir profiter d'un trottoir, d'une place pour des étalages extérieurs. Si son travail se porte sur des marchandises de prix plus élevé, ou supportant mal les intempéries, il choisira plutôt le magasin à large devanture, à grandes glaces, permettant un important étalage intérieur, comme pour la mode, la confection, le meuble etc...

Un horloger, bijoutier, travaillant spécialement le bel article riche --- choisira le quartier fréquenté par la clientèle opulente --- tandis que son confrère à ressources plus modestes, vendant l'article courant, faisant les réparations, ira se situer bien en vue, si possible au milieu de la clientèle moyenne ou ouvrière — qui pour être plus modeste dans le chiffre de ses achats journaliers, est très intéressante par le *nombre* des affaires traitées, et le résultat qu'elles laissent. —

Un marchand de chaussures fines, de marques — aura d'autres exigences, que le cordonnier bottier qui travaille sur mesures.

Le restaurant qui veut traiter largement la clientèle plutôt fortunée, s'installera dans un coin agréable, comme vue, mouvement, ombrage — et le restaurant à pensionnaires, à clientèle dont les heures de liberté sont comptées, dont les exigences et les ressources sont modestes, pourra se contenter du quartier tranquille ; de la maison de peu d'apparences pourvu que propre — qui par la probalité du prix raisonnable lui attirera la clientèle nonbreuse et peu difficile —

De même si le Bazar vous attire ou un métier analogue, --- **l'importance du Capital** dont vous disposez vous fixera le genre à adopter, la place à choisir. ---

Maison importante, il vous faudra beaucoup de place tant intérieure --- qu'extérieure --- le quartier le plus fréquenté, le le plus visité, le côté de la place ou de la rue, où le passage est le plus intense. L'orientation, le plus ou moins de soleil en été, la direction des pluies etc... --- influe toujours beaucoup sur le promeneur, le flâneur qui revient de son bureau — c'est pourquoi, tel trottoir dans la même rue, vaut toujours mieux que celui d'en face. —

Vous tâcherez d'être toujours **au bon côté** même si vos ressources plus modestes vous font tenir dans un quartier moins luxueux, mais populeux le bazar de quartier, dont les résultats seront pour vous plus intéressants ici, que si vous vous installiez à proximité de votre grand confrère.

Evitez toujours en effet, la concurrence trop rapprochée, qu'elle soit plus forte ou plus faible que vous : elle vous sera toujours une gêne pour l'établissement de vos prix — Comme vraisemblablement, vous la gênerez aussi, au moins un peu, il y aura animosité, lutte, dénigrement mutuel près des clients — Résultats toujours mauvais !

Après ces réflexions, vous allez me dire sans doute : « Tout ce que vous nous racontez est trés joli, et nous le savons bien, mais la bonne place est prise. et où la chèvre est attachée il faut qu'elle broute ». —

Je vous répondrais d'abord, qu'il y a des chèvres assez malignes pour **casser la corde** ou se dégager et allez *brouter* ailleurs les herbes les meilleures — ou plus abondantes. —
Sans être partisan, en principe, des changements, surtout insuffisamment calculés, et par conséquent onéreux, il faut savoir quelquefois *briser la corde* ou s'en dégager, pour ne pas laisser passer la chance possible. — Comme par exemple, prendre prématurément peut-être, et même en double emploi, la suite d'un bail, que l'on sait excellent pour ce qui vous occuppe — Il faut que l'affaire soit étudiée ! Sans doute comme toute chose dont on veut la réussite — mais il faut aussi qu'elle soit *résolue*, quand il en est temps.

La bonne place est prise ; mais n'en reste-t-il aucune pour vous, que vous puissiez rendre bonne ?... S'il en est vraiment ainsi, ne vous entêtez pas à ce quartier, à cette ville, et cherchez ailleurs. C'est pour *travailler* que vous vous installez ce qu'il faut choisir ce sont donc les meilleures conditions pour le *travail*, et non pour les goûts.

Quand vous serez dans votre magasin, atelier boutique ou bureau, — vous oublierez souvent si vous êtes à telle ville ou telle autre, dans tel quartier ou tel autre ; vous vous trouverez heureux si le travail *rend* ; malheureux, s'il est sans résultat — quel que soit d'ailleurs l'endroit où vous êtes fixé. — Commercialement n'ayez donc aucune préférence que les exigences du métier.

Mais vous avez trouvé enfin, ce que vous croyez vous convenir : le bon emplacement, le bon magasin, ou local — dont le prix paraît concorder avec vos ressources, et n'est pas disproportionné avec les affaires que vous escomptez. C'est le moment de traiter avec le propriétaire qui vous vend ou vous loue sa maison, ou avec le commerçant dont vous prenez la suite.

Dans ces deux cas, il vous faut beaucoup d'attention, de tact, de réflexion, pour n'avoir pas à regretter plus tard des conditions trop draconiennes — des surprises onéreuses — des difficultés ou des charges imprévues. — Il vous faudra aussi une certaine largeur de vues, pour éviter les marchandages mesquins de part ou d'autres, et ne pas vous exposer à *rater* pour un détail une affaire que vous avez jugée bonne. **La chance !** oui toujours ! mais n'en laissez pas fuir **l'occasion** ! !

Locataire, ou acheteur examinez très attentivement, *toutes* les clauses, conditions, charges, etc., qui vous seront imposées.

Le prix d'abord — Nais ce n'est pas là que sera la surprise et très rarement la mauvaise affaire. Presque toujours cette question matérielle et immédiate est suffisamment discutée. Sachez cependant les raisons pour lesquelles le précédent locataire a abandonné, pourquoi le commerçant cède, vous y trouverez peut-être un argument avantageux pour défendre vos intérêts.

La durée du bail, mérite attention ; trop court, il ne vous permettra pas de tirer de vos frais, installation ou autres, le bénéfice suffisant — Trop long, il risque de vous engager, comme prix par exemple, pour une époque ou sans lui vous auriez obtenu diminution. — Faites-le établir pour une durée calculée, correspondant à vos espoirs ou vos projets, que vous n'avez pas à divulguer d'ailleurs. Que les clauses de résiliation soient nettement établies, et ne vous exposent pas à perdre le bénéfice du fonds que vous allez créer.

Certains propriétaires ont un *chic spécial*, pour vous imposer d'un petit mot passant inaperçu, des charges qui habituellement doivent leur revenir — suivant les habitudes locales, qui varient d'ailleurs par région — Ne vous laissez pas faire, sans le voir, sans savoir s'il est nécessaire que vous les acceptiez sans discuter, si votre acceptation ne devrait pas vous valoir une réduction de prix. —

Méfiez-vous aussi de la clause concernant les **réparations, l'entretien, le bon état des lieux**, l'obligation de les rendre dans l'état où vous les avez reçus. Il faut au propriétaire des garanties, pour le bon usage que vous ferez de la maison qu'il vous loue. — C'est incontestable. Mais le vague de certains termes pourrait vous entraîner avec un propriétaire chicanier, (et il en existe !) à des obligations ennuyeuses et onéreuses. — Que le fameux « **bon état des lieux** » soit constaté sérieusement — que votre obligation de les rendre tels, soit nettement définie, en tenant compte de l'usure par le temps et l'usage — que l'entretien qui vous incombe soit détaillé, et que l'obligation de réparations essentielles soit rappelée au propriétaire etc. — Ne laissez rien passer inaperçu dans un engagement de *durée*. Il peut passer en d'autres mains, vous pouvez avoir affaire aujourd'hui à un père conciliant, et l'an prochain aux enfants intraitables — un changement de régisseur, d'homme d'affaires, peut transformer votre engagement en esclavage.

Il ne faut rien laisser au *hasard* ; pas plus que vous ne confiériez un bibelot précieux et fragile à un aveugle. Or, le hasard est aveugle, comme la *chance*, du reste, mais la chance se laisse guider, attirer ; le hasard, jamais !... Réunissez donc **toutes les chances** dans votre jeu, en commençant par **un bail bien fait**.

Vous l'obtiendrez plus facilement par une plus grande *largeur* de vue pour les choses immédiates.

J'estime qu'il vaut mieux pour vous, faire un sacrifice **aujourd'hui** aux exigences de votre propriétaire.., ou à ses manies, que de le laisser vous embarquer pour un avenir indéterminé, dans des charges dont vous ne pouvez prévoir les conséquences. —Par exemple, c'est votre intérêt d'obtenir aux frais du propriétaire tel ou tel aménagement, telle ou telle réparation, et si vous le pouvez vous n'y faillirez pas — mais, si par l'acceptation, de faire à vos frais telle petite installation, vous gagnez la confiance et obtenez la suppression dans le bail, d'une charge qui risque de devenir gênante — vous avez gagné là, contre un sacrifice *limité* et *connu*, que vous consentez la suppression d'un *risque* qui pouvait à un moment donné vous être fatal.

En résumé soyez **prudent** et méticuleux dans tout ce qui engage **l'avenir**.

Soyez plutôt **large**, pour les exigences connues, du **présent**.

Malheureusement beaucoup font le contraire, s'estiment heureux, de réparations obtenues, de trimestre réduit au début etc., et ne s'aperçoivent pas que ces avantages leur ont été accordés contre des clauses qui vont ou les gêner constamment, ou les charger de frais annuels, qu'ils pourraient s'éviter, ou les exposer à de gros ennuis dans un avenir incertain.

Mauvais calcul que vous éviterez.

Si vous prenez la suite d'un commerçant établi dont vous achetez le fonds outre les remarques précédentes, au sujet du bail, qu'il vous faudra aussi, bien examiner, vous aurez à vous arrêter à une foule d'autres questions, dont les principales :

— Agencement ---

— Clientèle ---

— Marchandises vendables ---

— Personnel (si vous en conservez)

— Engagement de non concurrence dans un rayon de.... Km.

— Prix global ou détaillé.

— Charges connues.

Vous paierez **l'agencement**. n'en acceptez donc le prix qu'après en avoir apprécié la valeur *diminué du prix d'amortissement* qu'il a subi depuis son installation. --- En excluant même, s'il le faut, telle pièce trop coûteuse ou inutile, que votre vendeur aura la faculté de vous laisser ou de retirer.

D'ordinaire votre vendeur vous dira : « Mon installation m'a coûté (mettons dix mille francs) » et il en demandera *huit*, je suppose. Admettez ce chiffre si vous ne le trouvez pas exagéré, mais faites-lui constater ceci 1° qu'un agencement n'a de valeur complète qu'un an ou *deux* au plus. — 2° Que chaque année voit diminuer cette valeur de 10 o/o environ, -- qui doivent être d'ailleurs portés aux frais généraux en déduction du bénéfice réel. -- 3° que par conséquent ce matériel s'il a dix ans d'existence par exemple ne vaut en réalité que 10.000 pour les deux premières années moins les amortissements successifs soit :

1000+900+810+750+675+600+540+500 = 5.775 fr. à déduire soit environ 4.000 frs. que vous offrirez (juste la moitié des exigences de votre vendeur !

Et s'il proteste ! « Mais, alors encore 10 ans et il ne vaudra plus rien ! Il est cependant en très bon état ». D'accord ! vous le trouvez en parfait état **apparent**. Il n'en est pas moins vrai que les années usent tout. Mais une chose non moins certaine, c'est qu'une installation commerciale doit suivre les exigences et habitudes de l'époque — que celle-ci vieille en date de dix ans est déjà un peu démodée et ne pourra pas suffire longtemps à de jeunes ou nouveaux commerçants, dont le premier soin doit être de se *mettre à la page*.

Pour le moment vous êtes *acheteur*, et je vous conseille en acheteur, plus tard vous serez *vendeur*, et les préoccupations seront différentes, mes conseils porteront ailleurs.

Méfiez-vous comme acheteur, de *l'apparence*, si souvent trompeuse. Ne prenez pas du bois verni pour du bois dur ; ni de la fonte dorée pour du bronze — Ne vous intéressez qu'à la solidité, au pratique, au durable ! N'acceptez pas de payer au prix fort, telle installation coûteuse qui visiblement est un « **loup** ».

Malgré toutes ces justes remarques évitez la mesquinerie dans la discussion, n'indisposez pas votre vendeur qui trouverait moyen de rattrapper d'une main ce que l'autre vient de lâcher. Soyez en somme très attentif à défendre, comme de juste, vos intérêts, sans oublier que vous avez jugé que votre **premier intérêt**, est d'obtenir cet emplacement, ce commerce sur lequel vous basez votre succès futur, et pour céla acceptez les sacrifices de détail qui vous sont demandés.

La Clientèle ou achalandage se vend aussi

Voilà une **denrée** difficile à apprécier ! et que l'on risque souvent de payer cher !... Généralement le prix qu'on en exige, n'ayant pas de base sérieuse est excessif. Surtout si l'on considère que c'est une valeur excessivement mobile et... fuyante. Vous succédez à des commerçants qui en avaient une qui paraissait sérieuse, et vous vous apercevez que votre magasin est déserté — Vous en cherchez infructueusement la cause !... Elle est quelquefois bien minime.

C'est que les Clients étaient plutôt attachés aux figures, aux manières, au caractère de vos prédécesseurs qu'attirés par **la valeur commerciale** de ce qu'ils y trouvaient et le simple *changement de tête*, coïncidant peut-être avec l'ouverture de telle autre boutique les a fixés ailleurs — Tout n'est pas perdu, si vraiment l'emplacement et le commerce sont bons..... excepté les quelques billets de mille que vous avez donnés en échange de... rien du tout !

Le vendeur était dans son droit en vous faisant valoir, cette valeur de son commerce, vous êtes dans le vôtre en en discutant le prix, sur une base autant que possible **matérielle**, sérieuse. J'admettrais, par exemple, qu'on paie une clientèle — **POUR LA MOITIÉ OU POUR LE CHIFFRE DU BÉNÉFICE NET PROUVÉ de la dernière année** — C'est beaucoup déjà ! mais vous *tenez* à ne pas laisser échapper l'affaire, il faut bien la payer ! ! Et vous avez ainsi la probabilité que l'année suivante sera dégrevée de cette charge ! Mais encore tout dépend des commerces. des métiers, il en est certains dont l'achalandage n'a pas une valeur appréciable pour *l'acquéreur* parce qu'il ne se transmet pas facilement, étant plutôt attaché à la personne qu'à la Maison — comme par exemple le renom d'une bonne ouvrière modiste.

Quand vous arriverez au chapitre **MARCHANDISES VENDABLES** à payer, vous serez plus tranquille. Les bases d'appréciation ne vous manqueront pas — et généralement, si les conditions dans lesquelles seront estimés les différents articles ont été bien étudiées, l'inventaire lui-même sera le plus souvent à l'avantage de l'acquéreur — Gardez-vous cependant des estimations en bloc. A moins d'être très habitué, d'avoir l'œil très exercé, le calcul mental très rapide, vous risquez d'aller à une désillusion ! Sans supposer que l'on veuille vous vendre des cartons vides, ou des rayons garnis seulement en devanture, il se pourrait que cette offre ne vous soit faite que pour vous liquider en masse, rossignols et oiseaux chanteurs de toutes sortes, dont vous ne sauriez que faire. Car c'est là l'écueil principal pour l'acheteur : acheter ce qu'il ne pourra pas vendre ou qu'il écoulera à perte.

Ce genre de marchandises, *pour vous ne doit pas compter*. Vous aurez assez de liquider les impairs que vous aurez faits, *de boire les bouillons* qui seront les vôtres, sans endosser encore ceux de vos prédécesseurs. Que tout soit compté, méticuleusement même, des marchandises neuves et de bonne vente courante ; **c'est juste**, et vous ne protesterez pas. Mais, à aucun prix, n'acceptez de payer, ce **qui est invendable**, parce que détérioré, trop vieux, démodé, etc... Un magasin récolte assez vite ces articles-là.

Soyez moins sévère pour le défraîchi, ou l'article qu'une petite réparation remettra à neuf. Cette concession fera avaler plus facilement à votre vendeur l'obligation de boire lui-même ses vieux bouillons.

Faut-il acheter à prix de factures ?

Vaut-il mieux acheter au prix de vente avec la réduction °/ consentie de part et d'autres ?

Cela dépend du genre et de la quantité de marchandises — du nombre de factures à rechercher par conséquent.

Un marchand de chaussures, par exemple, qui n'a que quelques fournisseurs, trouvera facilement toutes les factures utiles et celles qui seraient absentes, introuvables, **trop vieilles en date**, feront la part des articles qui justement n'ont pas grande valeur pour vous, et que vous **déprécierez**. Dans ce cas, vous pouvez considérer comme bonne, cette façon de procéder.

Le magasin d'alimentation par la grande variété de ses pourcentages de bénéfices, ne peut employer que ce mode avec une légère variante à cause de l'instabilité **des cours** : ce serait alors aux prix des *dernières factures*.

Mais on ne peut demander ce travail au Bazar, avec la multiplicité de ses divers articles, rayons, fabricants. Ce genre de commerce travaille d'ailleurs avec une marque presque uniforme qui permet l'achat aux prix de Vente diminués de °/o.

L'inventaire en sera même, je crois, plus exact — plus rapide et moins fatigant sûrement. —

MAIS QUEL TAUX DE RÉDUCTION faut-il accepter. Votre intérêt d'acquéreur est de le demander **fort.** Celui de votre cédant est **de le réduire**. Il y aura donc discussion et il faut que vous ayiez une base d'appréciation. — Je vais vous la fournir en vous rappelant la façon de procéder dans ce genre de commerce.

On reçoit un article coûtant 10 fr. par exemple ; on ajoute à ce prix coûtant, la part de frais : transports et autres qui lui incombent — 0,fr.50 je suppose — On a alors le prix de revient 10 fr. 50 — Pour avoir un *prix de vente*, suffisamment rémunérateur, on ajoute à ce chiffre la **moitié de sa valeur** soit ; 5,25 et nous avons alors à marquer 10,50+5,25 = 15,75 qui vont se traduire le plus souvent par 15,95 — Avec donc un bénéfice *apparent*, **ou de marque** de 5,95 — 6 francs, si vous voulez, pour 16 francs de vente, le pourcentage est donc la moyenne de $\frac{6}{16}$ soit 37 °|. environ.

En tenant compte que certains articles ne supportent pas tout à fait cette majoration, vous seriez fondé à demander une réduction de **35 °|₀ — sur le bloc**.

Vous l'obtiendrez peut-être difficilement, mais beaucoup d'affaires sont traitées à 33 1|3 soit avec réduction du **tiers net**. — Acceptez si elle vous est proposée cette combinaison ; elle resterait encore avantageuse pour vous, (même à 30 °|.).

Je vous le prouverai à la fin du volume quand je vous conseillerai *en vendeur*.

Ne croyez pas que ce chiffre,(habituel au Bazar) puisse être appliqué justement à tout autre commerce. — Il est essentiellement variable et dans de fortes proportions.

Le gros bijoutier, le maroquinier en renom — tablant sur l'immobilisation assez longue d'un capital relativement élevé, **doublent** carrément leurs prix de factures ; le pourcentage arrive donc à 50 °|. Il peut le dépasser parfois. De même chez le confectionneur chic des toilettes de dames qui s'attend à une dépréciation sur le stock restant en fin de saison — Par prudence il la récupère d'avance.

Au contraire le marchand de vins et liqueurs, en fûts, comme de tout objet de grande consommation journalière, renouvelant fréquemment son stock, faisant travailler le même capital, **quatre ou cinq fois dans l'année** se contente chaque fois d'une majoration plus modeste qui n'atteint pas toujours 10 °|°.

Vous avez donc besoin de connaître, le commerce que vous allez entreprendre, et une fois bien documenté, veiller attentivement à ne pas le charger dès le début d'une opération malheureuse et onéreuse.

Dans l'acte de Vente

Comme dans le bail, ayez soin que rien ne se glisse, qui vous entrave, ni comme charges pécuniaires trop lourdes, ni comme trop grande rigueur, pour l'exactitude des paiements.

Acceptez, provoquez même, l'inscription dans l'acte d'un °/. d'intérêts à payer en cas de **retard**. — C'est comme une acceptation tacite de vos cessionnaires et dans un moment difficile cela pourra vous éviter des ennuis plus sérieux, — si leurs exigences trop strictes vous mettaient en mauvaise posture.

Il arrive que le **PERSONNEL ANCIEN**, avait des engagements bilatéraux, et que vous en héritez. C'est un point délicat, et pour le trancher justement et avantageusement pour vous, il y a à étudier une question de personnes d'aptitudes de caractères etc...

Garder l'ancien personnel pendant quelque temps, n'a, je crois, que des avantages *au début* ; la clientèle est moins effarouchée ; vous aurez le temps de l'étudier et par conséquent d'éviter *la gaffe* qui éloignerait de vous Mme ou Mlle X.., — vous vous habituez aux diverses dispositions, etc. — Ceci en admettant, bien entendu un personnel d'une certaine valeur tant morale que de métier. L'inconvénient est que cela vous rend un peu esclave des anciennes habitudes dont toutes ne sont pas bonnes à conserver. Il peut arriver qu'un employé ait pris avec les anciens patrons trop faibles ou trop âgés, une importance, une autorité, qui nuisent à la vôtre, qui gênent votre activité, etc. — Supportable au début cela ne peut durer toujours. Je vous conseillerai donc de ne pas accepter les yeux fermés de renouveler tels engagements avant essai — et je vous dirai même **SURTOUT** celui de la personne qui vous est la plus recommandée. Sans doute elle a toutes les perfections, n'en doutez pas, — Mais justement, vous à qui il en manque quelques-unes, vous allez donc passer, vous *patron*, au deuxième rang — C'est gênant.

Aussi voilà ce que je vous conseille — Conservez en principe le personnel. Soyez indulgent en restant le *patron*. et gardez votre liberté de ne conserver que ceux qui seront **pour vous** de *bons employés*, et non pas toujours les employés de votre vendeur.

Vous avez payé tout le commerce, et aussi les moyens de le bien tenir, vous pouvez donc profiter même des qualités de vos employés. Si dans le nombre, vous avez *la chance* d'en avoir un bon conservez cette chance en y mettant le prix raisonnable. — Cela vous en fera une de plus. Très appréciable, même ! — Qui sait, si par reconnaissance, vous n'arriverez pas à renvoyer cette chance à celui qui en a été la cause en lui donnant plus tard la facilité d'une meilleure situation — Vous pouvez lui en laisser l'espoir !

Vous aurez à voir aussi comment sont traitées dans votre bail, ou acte de ventes **LES QUESTIONS D'ASSURANCES**. — Il est juste qu'elles y figurent, soit comme garanties pour le propriétaire, soit comme suite du contrat de votre prédécesseur. N'allez pas accepter cependant les yeux fermés, et les clauses et les chiffres. Vous ne devez rien faire que de juste, ou même avantageux pour *vous*. L'assurance doit déjà être modifiée par un avenant de *Nom*, profitez-en pour faire faire les rectifications utiles de *chiffres*. — Soyez assuré *largement*, c'est prudent ! Ne payez pas inutilement une prime trop forte, pour assurer des risques non existants. Les détails ne peuvent vous être fournis ici — La police d'assurances, le chiffre d'inventaire, vous guideront mieux Voyez bien aussi le *taux*, appliqué par la Compagnie. J'ai vu tel commerçant qui a continué à payer une assurance **doublée**, motivé par voisinage dangereux (fabricant liquoriste) alors que ce liquoriste était remplacé depuis plusieurs années, par un vulgaire marchand de vins ! qui certes n'avait pas la même quantité d'alcool, motivant le double risque. — De même si vous supprimez de votre vente tel article tenu par vos prédecesseurs et qui était cause d'une majoration de taux, il faudra faire rectifier. — Même si vous ne changez rien, aux choses existantes, rendez-vous compte que vous prenez la suite d'un contrat bien étudié comme risques et comme prix. —

Vous voilà enfin avec les clés, l'acte signé, le premier versement convenu effectué. — Vous êtes vraiment à la tête de votre Maison. Si vous y êtes comme successeur, d'une affaire déjà lancée, ne brusquez rien, au début surtout, suivez de près toutes les affaires, pour noter ce qu'il y aura lieu de modifier, chose que vous ne ferez qu'à coup sûr, après étude de la clientèle. — Lancez un peu de publicité, dans la forme que nous étudierons au chapitre suivant. Et c'est tout pour les premiers jours, vous perfectionnerez ensuite ce que vous aurez vu défectueux.

ORGANISATION

Pour étudier les détails **D'ORGANISATION**, nous allons suivre pas à pas, le nouveau commerçant qui doit monter de toutes pièces un commerce quelconque. — Avant de se lancer dans des frais inconsidérés, peut-être inutiles — des transformations, peut-être nuisibles — tout doit être bien calculé, *en rapports avec vos possibilités assurées*. Il faut donc jeter un coup d'œil sur ce qui vous reste de capital disponible 1° En retirer la part nécessaire. 2° Et borner vos frais à la somme liquide qui vous reste. — Ne grevez pas au début, une affaire à lancer. Commencer plutôt modestement, pour avoir la satisfaction de premiers bénéfices *réels*, et de voir progresser votre chiffre, améliorer le matériel être en un mot toujours **en progrès** ; cela vous entretiendra dans le **feu sacré** du début. N'oubliez pas que c'est encore un de vos bons atouts, une de vos *chances* les meilleures et les plus efficaces.— Ne la perdez donc pas par des engagements trop lourds. — La douche que vous recevriez par un insuccès, trop fréquent hélas, risquerait d'éteindre ce feu sacré de noyer cette chance, et vous vous verriez obligés de recommencer plus petitement et avec moins de ressources — **Ne brulez pas l'étape** !

Ces réflexions faites ; au travail. — Le magasin est en état, suffisamment grand pour notre genre de commerce. Nous avons au fond une pièce petite ou grande qui sera ou le bureau, ou l'arrière boutique, cuisine, ou autre nécessaire — les deux à la fois peut être.

Si les murs sont nus et doivent supporter nos marchandises des rayonnages, des vitrines, commençons par examiner leur état de plus ou moins **d'humidité**, de chaleur, leur légèreté possible (briquetage), la face la plus éclairée, le côté le plus abordable par rapport à l'entrée. Ce premier examen, (comme tout ce qui a une conséquence durable) doit être sérieux, parce que sérieuses peuvent en être les suites. — En effet, vous ne prévoirez pas, votre rayon chocolats, ou tissus fragiles, ou autres analogue, contre le mur humide — que vous réserverez, pour choses moins délicates à ce point de vue ; liqueurs, vaiselle, etc... Vous n'irez pas fixer au briquetage, ébranlé par une porte qui frappe ou le passage d'un camion, la vitrine d'objets fragiles, le rayon de cristaux, —

Vous ne placerez pas à l'endroit le plus éclairé les marchandises moins flatteuses sacs, caisses, ou encombrantes, mais plutôt celles accrochant le regard, et supportant bien un éclairage abondant, un examen détaillé. — Les marchandises qui dans votre idée sont *chevaux de bataille* auront leur place à l'endroit le plus accessible, par rapport à l'entrée, pour attirer le client. Ce sera plus tard l'affaire du vendeur de le travailler pour que vos autres rayons profitent de sa venue. Votre travail actuel est de penser à une disposition *qui l'attire*.

Ces premières dispositions bien arrêtées dans votre esprit suivant les besoins prévus, tracez à la craie, sur le plancher, l'avancement de ces rayonnages, vitrines ou placards, pour vous rendre bien compte de l'emplacement qui vous reste pour les autres objets ou meubles que vous avez à prévoir.

Leur nombre, leur volume, leur arrangement doivent être conçus avec cette idée qu'il faut *surtout laisser aux clients la plus grande place*.

Le client, lui vient chercher de la marchandise, du travail et il faut que vous lui en montriez le plus possible. — Mais, vous que désirez vous ? sinon beaucoup d'acheteurs ! Alors si vous remplissez votre magasin, de banques, de marchandises, si vous ne laissez que des passages exigus, où les mettrez-vous vos acheteurs ? comment pourront-ils circuler d'un objet à l'autre et faire (ce que vous désirez le plus) des acquisitions variées ?

Si vous accumulez trop, c'est à votre détriment, croyez-le bien — Vous perdez de la lumière, au propre et au figuré. Vos nombreux articles ne rendent pas — Beaucoup sont sacrifiés, oubliés ; vous avez un stock considérable et ne pouvez en travailler qu'une partie. Inconvénients majeurs pour vous ! Combien de fois avez-vous entendu : « C'est drôle, voilà un magasin où il n'y a *rien* (ce n'est pas le cas) et il travaille tout de même. » Et d'un autre : « Oh ! chez un tel, c'est bondé de camelote, mais on ne peut pas se faire servir — on ne peut pas même rentrer ! »

Lequel voudriez vous être de ces deux, celui qu'on admire, et qu'on passe — ou celui qui fait recette, soit-disant avec rien ? « Vous voudriez comparer les recettes, dites-vous » — Je préférerais moi comparer **le résultat** et j'y verrai souvent l'avantage pour le premier qui, moins chargé, surveille mieux ses rassortiments, renouvelle souvent des marchandises, par conséquent plus fraîches, et ayant moins de capitaux engagés, leur fait rendre un plus beau bénéfice — L'autre, au contraire, en a beaucoup qui dorment en rayon, sans résultats — et s'il fait de plus fortes recettes, *peut-être,* elles sont encore insuffisantes, vu les sommes immobilisées.

Il nous faut donc de la place pour le client qui doit, pour être acheteur se trouver à l'aise chez vous — Beaucoup laissent une grande partie de cette place, à *l'entrée,* le principe n'est bon qu'avec cette condition que ce ne soit pas *juste en face la porte,* en prolongement d'un passage principal — Que notre client trouve à droite où à gauche, sans trop s'avancer un endroit où il sera moins pressé, très bien ! ; mais **l'entrée doit toujours être dégagée.**

Votre Caisse de recettes a sa place aux abords de l'entrée principale — elle surveille ainsi les sorties des clients *servis* — utilité évidente, n'est-ce pas ? — et, si vous avez des vendeurs extérieurs, elle est ainsi plus à leur portée. Quelques métiers la placent, au contraire au fond du magasin — Il se peut que, par exception, ce ce soit utile. En général, non !

Au fond, réservez, s'il vous le faut, le service d'emballage, surtout s'il est encombrant. Dans le cas contraire, pour foule de petites ventes, patisserie, bijouterie, parfumerie, etc. — Cet emballage coquet ou très réduit, a sa place à côté de votre caisse.

Voyez l'emplacement, la grandeur, que pourront avoir dans ce qui vous reste de surface, les différentes banques, bancs d'étalage, ou vitrines meubles, en *réservant* les bons passages nécessaires. Si vous vendez tapis, linoléum ou objets demandant un déplie, ou une manipulation encombrante, prévoyez leur place à un endroit rendant inutile leur transport et facile leur développement.

N'oubliez pas, si c'est votre cas, qu'un client qui achète une ombrelle, un parapluie — l'ouvre toujours sans beaucoup d'attention, et le retourne *ouvert* dans tous les sens — Malheur à vous, s'il n'en a pas la place, vos rayons de miroirs, cristal, parfumerie, suspensions, vont prendre quelque chose s'ils sont à proximité ! — Et tant d'autres détails analogues auxquels il vous faut penser **maintenant,** avant de commander les meubles prévus, qui vous deviendraient plus nuisibles qu'utiles, si leurs proportions n'étaient bien étudiées.

Les mesures de surface disponible fixées, voyez maintenant la forme à donner à tel rayon ou banc, table ou banque, vitrine ou comptoir, pour faire valoir ce que vous présentez, tout en le protégeant des accidents possibles.

Si vous êtes ou grosse maison, ou magasin de luxe, adressez-vous à ceux qui ont la spécialité des installations commerciales ; brillantes, souvent ; pratiques, quelquefois ; mais fort coûteuses, toujours ; N'hésitez pas cependant, s'il le faut, pour avoir la clientèle que vous visez — Tout au plus, contentez-vous de la formule toujours d'actualité. **Il faut, il suffit**. Tout ce qu'il faut, mais rien de plus !

Petite maison modeste de tel ou tel métier, vous aurez besoin de plus d'attention et de travail personnel.

Les menuisiers, serruriers, miroitiers à qui vous allez confier vos travaux, connaissent à fond leur métier, sans doute — Ils ne savent rien des exigences **du vôtre**. Vous n'avez pas à leur fixer bien sûr l'emplacement d'un tenon ou d'une mortaise — la force ou le nombre des supports, crochets, ou boulons — Cela ils le sauront et le feront convenablement, c'est probable — Mais vous seul pourrez leur dire, si tel rayon, destiné à telle marchandise doit être fort ou léger — de telle ou telle dimension, écartement, hauteur, profondeur — Vous seul pourrez fixer d'un croquis, *très approximatif* si vous voulez, la forme, la disposition, la robustesse ou l'élégance, de tel meuble à usage spécial. En résumé, ils doivent avoir *toutes les indications* que vous fournissent votre métier qu'ils ignorent, et vous, leur laisser *toute liberté* pour faire *le leur*, que vous ne connaissez pas.

Devez-vous, commander sans compter, sans marchander ? — Dire comme certains : « Je ne m'inquiète pas du prix, je veux que ce soit bien ! »

C'est au moins imprudent, et il y a des chances dans ce cas, de n'avoir **qu'une chose vraiment bien réussie : la note à payer** ; qui sera un chef-d'œuvre par ses : avoir cherché, avoir trouvé, avoir bouché, suivis de - fournitures - *tant* main d'œuvre, *tant* et encore - temps 1 passé, etc...

Que voulez-vous ? l'ouvrier fait son métier, vous n'avez pas fait le vôtre.

Il est certain que, désirant la clientèle de votre pays, de votre quartier, vous ne devez pas commencer par paraître *rat* — mais aurez-vous plus d'avantages à être étiqueté - **POIRE** — et avez-vous un moyen de tout concilier — Je le crois.

Vous donnez des ordres *précis* — détaillés — Vous demandez un prix *raisonnable*. Sans avoir l'air de marchander, vous discutez tel ou tel détail — et arrivez, je suppose, à une entente 380.

Très bien ; offrez 400,

Et qu'il soit convenu que le travail sera soigné, livré à date voulue, etc...

Vous évitez la surprise désagréable ! vous avez un entrepreneur content, qui estime votre manière large de traiter, qui sera lui-même client et vous en enverra ! Et voilà pourquoi j'aime mieux traiter à forfait à un prix légèrement **AUGMENTÉ** plutôt que **diminué**. Toute contestation ou réclamation ultérieure est évitée au lieu qu'autrement elle est au contraire... **inévitable ?**

Et puis c'est le commencement de la **RÉCLAME**. — Car vous ne pouvez faire une *ouvertue réussie*, sans réclame, sans publicité bien comprise — Pendant qu'on travaille à notre installation, nous allons justement avoir le temps de nous en occuper — Et sérieusement !

PUBLICITÉ

La Publicité est pour vous une question essentielle. C'est par *elle* que votre Maison prendra vie — c'est par elle que vous entretiendrez ou réveillerez la clientèle. La publicité, la réclame *bien comprises*, après avoir facilité vos débuts, seront le *fortifiant* qui entretiendra vos affaires en Vigueur.

J'ai écrit *bien comprises*. Et en effet, je ne suis pas de l'avis préconisé dans une brochure que vous avez peut-être lue ! où l'on trouve : « Si j'avais cinq sous, j'en mettrais quatre en publicité et garderai le dernier pour mon commerce. » Fichu commerce alors ! qui consistera à demander beaucoup au client et à ne *rien* lui donner en échange ! Il faut laisser cela, *aux annonciers* ou *annonceurs*, qui ne vivent que des quelques timbres, ou quelques francs, que les gobeurs leur envoient, pour avoir... l'adresse d'un autre copain, qui lui-même vivra en se faisant payer de *belles promesses*, etc...

Ce n'est pas votre cas. Vous voulez fonder une maison avec chances de vie et de prospérité — Vous voulez donner à vos clients, de la marchandise ou du travail, pour *leur argent*. Il faut donc que vous ayez cette marchandise ou les moyens de faire ce travail. Ne dépensez donc pas, par exemple 8.000 en réclame, s'il ne vous en reste que *deux mille* pour satisfaire la clientèle — Avec un travail honnête, vous ne pouvez, en effet, espérer alors qu'un maximum de 1.000 francs de bénéfices. Où retrouveriez-vous les 7.000 francs distribués en annonces ?

Certains métiers, exigeant par eux-mêmes peu de capitaux, donnant à leur clientèle la satisfaction d'user d'une grande marque, d'une réputation établie, plutôt que beaucoup de bonnes marchandises — doivent consacrer à la publicité la grosse part, sous peine de péricliter.

La majorité des commerces doit être plus prudente et plus modeste. Publicité et réclames sont des **FRAIS** — il ne faut les faire que dans la mesure où ils rapportent des bénéfices supérieurs. Il y a donc lieu de bien calculer la somme à leur consacrer — de bien examiner le meilleur emploi de cette somme, — pour qu'elle rende en bénéfices.

La vente de vos marchandises vous laisse par exemple une marge de 30 % entre prix de vente et prix de revient. — Vous avez calculé vos Frais Généraux sur la base de 10 % environ — et vous voulez, tout bien compté, qu'il vous reste aussi 10 % pour vos frais personnels, intérêts d'amortissement du capital bénéfices — Il ne vous reste donc à employer qu'un *maximum* de 10 % pour la publicité -- C'est-à-dire que, tablant sur une recette mensuelle de 3.000 par exemple, vous pourrez employer au plus 300 pour cet objet. -- Seulement si vous les employez bien, le mois suivant va vous donner un supplément de recettes appréciables - 4.000 - 5.000 peut-être, et vous allez pouvoir *intensifier* la réclame dans la même proportion, pour arriver comme Ventes au chiffre que vous pouvez alimenter. Par la suite, de temps en temps, aux époques propices, vous redonnerez le **coup de fouet** - nécessaire et cela marchera.

Mais au début, à l'ouverture, vous n'avez pas ce chiffre de base -- Vous en avez d'autres ! Vos *disponibilités*, - **tous frais payés.** La valeur totale de votre commerce -- aussi. Prenez sur les premières un pourcentage variant de 5 à 10 % du *capital* déjà engagé, si vous le pouvez. Vous devez pouvoir faire quelque chose avec cela.

Pensez cependant encore à ceci : c'est que si tout *début* a besoin d'être *lancé*, il y a grand écart entre tel métier ou commerce de consommation, et tel autre tout de fantaisie -- On ne peut demander au petit magasin de crêmerie le même effort, même proportionné au chiffre, qu'au grand Couturier ou fourreur--- Gardez donc la proportion ; faites grand, si la marge de bénéfices est large -- soyez modeste si elle est réduite -- *mais faites toujours quelque chose* ; et mettez-vous bien dans la tête que l'on n'attendait pas après vous, dans le quartier, ni dans la ville ; que vous y êtes encore inconnu. Et qu'il faut que l'*on vous connaisse* et que l'on ait besoin de vous.

A vous d'en persuader la clientèle — A vous de vous faire connaître — Vous en avez cent moyens !

Petit boutiquier de quartier, vous commencerez par être pour vos voisins, *un client* jovial et *pas marchandeur* surtout ; puis, sans prétention, vous ferez distribuer un petit prospectus, *original* autant que possible, pour forcer à le lire, quelques affiches le répétant à peu près, dans les seuls endroits intéressant, votre quartier, un titre accrochant le regard à votre devanture. Quelques menus cadeaux aux commères ou quelques **cassés** aux gosses — seront souvent suffisants pour commencer une petite affaire.

Commerçant plus sérieux déjà, Bazar, Epicier, Pâtissier, Restaurant, Coiffeur, Modiste vous aurez d'autres besoins, et d'autres moyens — 1° Etre **connu** d'abord de tous les commerçants de votre entourage. — Il faut désarmer dès le début la jalousie et la malignité, et établir votre réputation, de bon vivant, pour cela soyez un peu client facile partout, surtout pas *épateur*, avec les collègues — Provoquez l'occasion de leur demander un **petit service** même, escabeau, arrosoir, balai et en le rendant faites une gracieuseté, à l'employé, à l'enfant de la maison — Petits moyens oui, mais l'épicière du coin, le quincailler d'en face, n'auront pour vous que des éloges, si vos clients de demain leur parlent de vous.

Etudiez bien aussi le propectus que vous ferez distribuer *abondamment* pour préparer votre ouverture. Qu'il soit *court* autant que possible ; c'est la première qualité que doit avoir une réclame mais que tout y soit dit de ce qui peut vous attirer un client. Le prix, sans doute, mais n'appuyez pas trop sur le *bon marché*, comme on est souvent trop tenté de le faire. C'est un argument, mais ce n'est pas le seul. Et celui-là, à l'inconvénient de rogner chaque fois un peu plus sur vos bénéfices. Or vous travaillez pour *gagner* n'est-ce pas ? et pas seulement pour écouler ! Etes-vous bien sûr d'écouler beaucoup plus en annonçant un prix dérisoire — Je crois moi que le client qui a besoin d'un chapeau, viendra chez vous s'il constate une différence de cinq ou dix sous — mais il ne vous en achètera *pas deux*, pour la seule raison que vous auriez baissé ce prix de deux francs. Pour lui un objet payé 2 fr. 95 vaut peut-être 3,00 ou 3 fr. 50 vous ne lui ferez jamais croire qu'il vaut cent sous et que vous lui faites cadeau de la différence.

Donc pas d'exagération de bon marché dans les prix annoncés. Il y a bien d'autres arguments. La qualité, le fini, la variété, la quantité etc... Excitez la curiosité, invitez à comparer ; tachez surtout de vous faire *une spécialité* ; voilà encore un bon élément.

Ce n'est pas que je vous conseille de **FABRIQUER** une pommade, un cirage, une pilule — Ce n'est pas nécessaire — Tout le monde, ou presque a un nez au milieu du visage. — Tout village a son clocher. Et cependant que de différentes physionomies ; et quelle variété de paysages !...

Eh bien ! tachez que votre magasin ait *son genre, son article*, à lui spécial — Vous ne pouvez être le **ROI** de tout ce qui se vend même dans une rue, contentez-vous d'être le **ROI d'un fromage,** d'un café, d'un Savon, d'une brosse, d'une cravate ou d'une montre. — Mais soyez le vraiment par le prix et la qualité, et annoncez-le. — Cet article, *ce mouton à cinq pattes*, bien connu des bazars, au moins comme expression, sera votre pourvoyeur de clients. C'est lui qui les fera entrer. — Après — faites votre travail de vendeur !.

L'affiche est un bon moyen, pour les commerces qui peuvent faire un peu grand, un peu tape-à-l'œil et qui sont *rois* d'un cirage quelconque, ou d'un faux col !... Il faut avoir déjà les reins un peu solides, pour supporter les frais, d'impressions de timbres en surface, de location, d'affichage, mais cela rend bien ; quand on en peut user.

L'annonce aux Journaux, serait le rêve ! Elle va chercher le client chez lui.

Elle ne l'importune pas. Ne voit que celui qui veut voir ! En général elle **REND** bien. **Mais son prix !...** Si vous le pouvez usez-en, par une série de trois annonces par semaine et constatez le résultat. — S'il est simplement *satisfaisant*, c'est-à-dire, si le supplément d'affaires amené couvre juste par ses bénéfices les frais de publicité, Allez-y carrément pour 10 ou 15 annonces dans le mois. Vous connaissez la règle en effet, 1° annonce inaperçue 2° remarquée, 3° Curiosité, 4° Ça marche !

Il y a façon de présenter, de libeller, cette annonce bien des règles à observer. — Voulez-vous la meilleure ? — Cherchez *vous-même*, avec vos idées, 10 ou 12 formules ou davantage, disant toutes, la même chose en termes différents. — Eliminez tout ce qui est trop long ou trop diffus. — Relisez *le lendemain*, celles qui restent. Il y a des chances pour que deux ou trois de ces formules, vous **frappent, vous étonnent,** vous qui les avez écrites ! Voila les meilleures ! Etudiez la disposition à leur donner, le **mot à forcer** pour accrocher l'attention, et vous voilà avec une ou deux annonces probablement bonnes.

N'en recopiez jamais de celles que vous voyez. C'est la plus mauvais système ! vous travaillerez justement... pour la maison d'en face !

Votre annonce prête vous voilà embarassé pour le choix du journal. Le N.., va vous demander 40 francs par insertion. Le L. ne vous demande que 25 francs. — Vous pouvez avoir une plus grande place dans la D., pour le même prix. — Ici, par exception je vous dis : « Le prix n'a pas d'importance, je veux du bon travail ! » — Et ce ne sera pas toujours le plus cher. En effet, le M., qui vous prend 40 fr. — avec ses 300.000 lecteurs, n'est peut-être pas plus avantageux pour vous, *si vous ne pouvez faire des affaires avec le dehors*. L'essentiel pour vous est de **toucher** les 4 ou 5.000 personnes de votre ville, dans lesquelles vous allez former votre clientèle. — Il faut donc prendre le journal le plus lu *autour de vous*. La petite feuille sera plus intéressante pour vous que le grand organe, si ayant autant de lecteurs *locaux*, elle met à votre disposition une surface double ou à prix moindre. — Adressez-vous au contraire à la grande publicité, au fort tirage, malgré le prix élevé si vous cherchez à placer un produit à expédier.

Une autre forme de réclame, **les primes. les cadeaux:** — Forme qui peut être aussi très efficace. Usez-en, n'en abusez pas ! Il y a une clientèle qui n'est qu'à l'affût de ces ventes-là. Elle prend son café chez un tel, pour le ticket ; la chicorée chez un autre, pour le timbre ; le chocolat ici, pour les serviettes ; l'huile, ailleurs pour le déjeuner en faïence ; — Elle dérange tout le monde, n'est cliente nulle part.

Annoncez donc simplement « **cadeau à tout acheteur de tant**. » sans fixer l'importance de ce cadeau. — Conservez votre liberté pour soigner la clientèle fidèle et vous l'attacher davantage pour ne pas décourager l'autre, si elle se décidait à vous donner un peu de ses faveurs. — Mais les clientes volages, le sont malgré tout... et je doute que vous fixiez celle qui court toutes les primes. —

Pour que soit moins onéreux ce système de cadeaux ou qu'il conserve son efficacité — Mettez à part les quelques objets dont la vente n'a pas l'air de bien donner, ou ceux reçus depuis quelque temps et qu'il est bon d'écouler, quelques autres un peu défraîchis, ou une pièce de valeur, un peu détériorée. — Faites d'une pierre deux coups, en vous faisant une réclame qui vous débarrasse d'une perte possible. —

Dans certains pays, **le TIMBRE OU TICKET** est encore en faveur Ne vous assimilez à aucun groupe, faites votre timbre vous-même pour votre maison — C'est facile et pas très coûteux et cela vous donne une clientèle plus régulière

Le timbre peut être très simple = **Ceci : par exemple**

Nul besoin de carnet = une feuille imprimée à votre en tête commercial comportant 20 ou 40 cases, et au bas =

	50	
50	Chaussures **DUBOIS**	50
	50	

- ÉPICERIE -
1 fr.
CENTRALE

« Chaque feuille convenablement remplie donne droit à un « **franc de marchandises** ».

Simple et commode, ce système a un résultat efficace, avantageux que je vous garantis -- Le client vous réserve tous les achats possibles chez vous, parce qu'*il sait* que vous lui donnez, un franc sur 20 fr. ou sur 40 fr., et il force quelquefois ces achats pour avoir un timbre ou 2 de plus. Quelquefois il attendra avant de rien vous réclamer, d'avoir rempli huit ou 10 feuilles ou davantage, pour s'offrir le bibelot qui le tente et qu'il ne veut cependant pas payer.

Détruisez soigneusement ou **brûlez** tous les timbres rendus !

Vous voilà déjà avec quelques bons *tuyaux*. Ce sont les principaux, comme rendement ; mais on vous en offrira d'autres — Encartage dans un Annuaire ; groupage sur une enveloppe ; porte plume ou crayons, à distribuer aux gares, aux guichets, aux cafés, aux écoles. A vous de voir et *d'utiliser tout* ce qui touche votre *client* possible, sans frais exagéré, et de refuser au contraire, tout ce qui n'aurait d'effet qu'au loin -- ou dans un monde que votre Commerce n'intéresse pas.

Les Factures — la Marque

Nous nous sommes arrêtés bien longtemps aux bagatelles de la porte (C'est qu'elles sont importantes pour vous) -- Pendant ce temps-là, votre Bureau est rentré -- les Marchandises ont commencé à arriver et nous voilà bien du travail pour établir leur véritable prix de revient et le prix de vente qu'elles doivent porter -- Nous parlerons plus loin des *commandes*, des achats -- nous organiserons soigneusement le bureau plus tard -- Occupons-nous maintenant *des factures* et de la *marque*.

Tout est vraiment sérieux et important dans le métier de commerçant, et ce n'est pas ici encore que nous pourrons folâtrer. Le « *sans connaissances* spéciales » -- des petites annonces ne va pas trouver là son application. Des connaissances spéciales, il en faut à tous ceux qui sont intermédiaires entre *fabrique* et *clientèle*, à tout commerçant donc qui doit savoir comprendre et parler le langage de la fabrique et le traduire au client dans son propre langage à lui -- Vous recevez un *foyer Jacquard 3 grilles* et vous traduisez pour le client, *descente de lit, laine*, 30 francs ou des coupes lyonnaises, queue égale, etc... que vout écrivez, poële à frire, pour ne parler que de choses très classiques ! Et pour les prix. Voyez-vous cette facture cristal avec ses :

Bonification, 30 %. Hausse, 200 %, Remise, 15 %, Escompte, 2 %.

Et après ?... ou celle-ci de toiles cirées avec

Remise 10 % + 5 % + 3 %. Croyez-vous que cela fasse 18 %, comptez, vous verrez. Oui, il nous faut *voir* et il nous faut *compter* pour contrôler les opérations compliquées, parties de la fabrique ; ensuite pour notre usage et celui du client, nous simplifierons autant que possible, pour éloigner des occasions d'erreurs.

Vous aurez heureusement bien des objets, ou denrées où le travail est des plus simples pour établir le *prix de revient réel*. Une facture de parapluies, achetés à la pièce, ou à la douzaine, augmentée des frais de transport, pourboire, etc... sera facile à contrôler — Dans ce genre de travail, si vous avez obtenu, je suppose 5 °/₀ de remise, c'est à cause du *chiffre* de votre commande, les 3 °/₀ sont un escompte de *Caisse*. Ces deux réductions sont un bénéfice *pour vous*. Vous n'avez pas à en faire profiter votre client — Et votre prix de revient sera établi, par pièce, en prenant le chiffre facturé, majoré s'il y a lieu, de la part de transport. Admettons que vous receviez 24 parapluies ou ombrelles avec 6,00 de frais, emballage et transport, c'est 0,25 à compter en plus chaque article, comme prix coûtant — Nous savons que le **prix de vente** ordinaire est fixé en majorant de moitié le **prix de revient** pour faire la moyenne de 33 %, adoptée dans beaucoup de commerces courants. Nous pourrons donc marquer notre article de 16 fr. plus 0,25.

16.25 + 8 fr. 00 = 24 fr. 25 ou 24.50.

Chaque facture simple donnera lieu à un travail analogue. Soit: prix de **facture** — augmenté des **frais** le tout majoré **de moitié** pour les articles de vente courante. Davantage, pour les articles de fantaisie où l'on arrive quelquefois à doubler le prix de facture. Beaucoup moins, au contraire sur ceux de grande consommation, puisque renouvelés plus **touvent** ils mobilisent un moins gros capital ou le laissent moins longtemps improductif. Ceci est une simple question de métier. Et à mon sens, les métiers dits de luxe, frappés plus lourdement par les **taxes**, n'ont pas en réalité en fin d'année un *bénéfice réel supérieur*, comparativement à ceux de grande consommation, généralement presque exonérés. Ceci dit, pour prouver que tous commerces sont bons à tenir, et que le meilleur pour vous, est simplement celui que vous *connaissez le mieux*, et que vous dirigerez parfaitement.

Les factures plus compliquées comportant des hausses et remises, successives, devront être vérifiées avec le plus grand soin. Pour vous, une fois le contrôle fait, comparez simplement le *prix brut*, de votre facture *avant* le jeu des hausses et des remises — avec le *total réel* que vous aurez à payer, en fin de facture, augmenté de tous frais, transports et emballage. La différence entre ces deux chiffres va vous servir à dégager un pourcentage simple facile à appliquer — pour établir le prix de revient de chaque article.

Exemple ; vous avez une facture Verrerie d'un total brut de 380 fr. avec toute la série habituelle des hausses, remises bonifications successives. Vous avez contrôle toutes ces opérations globales ;

mais les appliquer à chaque ligne n'est pas pratique. Votre facture de 380 fr., reconnue exacte, devient en fin de page 420 fr. et vous avez 20 fr. de transport. C'est donc **440 fr. de marchandises**, qui chez vous feront environ **660 fr. à la vente**. Mais pour marquer à la pièce la grande variété des articles, comment faire ?... c'est bien simple :

Deux méthodes : 1° ou diviser 660 par 380 égale : 1, 75 environ ce qui vous donnera le coefficient à appliquer à chaque prix de détail : Par exemple, tel article facturé 1.60 sera vendu 2, *80*, ou (1.60 x 1, 75) — tel autre facturé 6,00 sera vendu 10, 50 ou (6 x 1,75) et ainsi de suite.

ou 2° mode : par le revient de chaque article -- 440 - 380 = 60 fr -- 60 fr. de majoration sur 380 fr. de facture donc 60 divisé par 380, = 16 centimes environ par franc après lesquels nous appliquerons le pourcentage de vente soit en prenant nos précédents exemples :

1.65+0.25 égale : 1.85 (1.85 + 0.95) égale : 2,80
6.00+0.16 x 6 » : 6.95 (6.95 + 3.50) » :10.45

Résultats identiques aux premiers par un calcul un peu plus long, mais qui vous donne le prix de revient de chaque article.

Le premier mode vous suffira souvent ; vous serez quelquefois content de faire le second.

--- Il vous arrivera de recevoir des articles facturés au métrage carré --- et que vous vendrez à la pièce. En suivant une à une les opérations de la facture, vous vous rendrez bien compte de leur exactitude, de leur peu de difficultés ; c'est bien certain ! mais allez-vous refaire à chaque objet ces calculs, au moins longs et monotones ?... C'est au moins inutile Admettons du tapis, jute, coco, lino, -- peu importe, tapis-brosse ou petites carpettes. Si votre facture ne comporte qu'une taille par genres ou qualité différente, cela va tout seul, vous divisez chaque total partiel par le nombre d'articles reçus et vous avez le prix à la pièce, qui vous servira à établir comme plus haut prix de revient et prix de vente de chacun.

Mais si vous avez dans les différents prix à 7 fr. 50 le mètre carré, à 10 fr. le mètre carré, à 15 fr. le mètre carré, du 30 x 60, du 35 x 70 ou du 40 x 80 etc, vous êtes plus embarassé. — Dan ce cas, je crois que le moyen le plus rapide et le plus pratique est 1° De vous faire un **tableau des surfaces**, qui vous servira à chaque réception et 2° d'établir pour chaque qualité, les prix de revient et prix de vente du mètre carré.

Ce **tableau des surfaces** restant comme document ou à votre rayon Tapis, ou dans les Tarifs du Bureau par exemple :

	0,60 x 30	70 x 35	80 x 40	90 x 45	100 x 50
Surface	M² 0.18	0.245	0.32	0.405	0.50
en fractions	1/5	1/4	1/3	2/5	1/2

Pratiquement même vous arrivez simplement ensuite à prendre une fraction approximative suffisamment exacte d'ailleurs, de chacun des prix de vente — comme par exemple et par ordre : 1/5, 1/4, 1/3, 2/5, 1/2.

Et vos prix de vente à 12 francs le mètre carré se traduiraient :

		12 fr.	12	12	12 x 2	12
divisés par		5	4	3	5	2
Soit	Pour	30 x 60	35 x 70	80 x 40	90 x 45	100 x 50
	Prix	2.40	3.60	4.08	4.80	6.00

L'échelle des prix reste normale et le rendement aussi, avec l'avantage d'un simple calcul *mental* et facile.

— Dans d'autre cas vous achetez **au poids** et revendrez à **la pièce**. Un calcul du même genre vous renseignera pareillement.

— Vous savez ce qu'est la Grosse de 12 douzaines ou 144 pièces. Mais pour la pratique, sachez faire votre calcul de revient, de vente, sur le chiffre le plus facile, c'est-à-dire — prix de l'unite — prix de la douzaine — prix de la grosse, à votre choix.

Je ne prétends pas être l'homme *universel*, capable d'apprendre à chacun son métier. Je sais qu'un marchand de vaiselle n'ignore pas que le *compte* des potiers, par exemple, est un prix unique établi pour chaque forme ou chaque genre, quelle que soit la taille, Seulement, on aura par exemple, au *compte* : 2 pièces dans les très grandes tailles, puis 4 dans la taille au-dessous, puis en descendant toujours six, huit, dix — jusqu'à 20-24 pour les très petites, Le prix de revient est donc établi : en divisant le *prix du compte* par le *N°* de l'article, qui correspond à la quantité reçue.

Le quincailler ou marchand d'articles de ménage sait que la poterie de fonte se vend aux cent points — et que chaque article portant un N° de taille ou grandeur. le prix sera calculé en multipliant ce chiffre de *points* par le prix de l'unité.

Le papetier saura, mieux que moi, trouver 5 feuilles dans la main, 20 mains dans la rame, 20 cahiers dans la ramette et avec ces données établir ses prix. Il ne s'embrouillera pas non plus dans les dimensions des différents formats : pot, coquille, raisin, écu, jésus, etc..., ni dans les termes 1/4 coquille, 1/8 jésus, 1/16 raisin qui sont des indications de *pliage* utiles à connaître pas plus que dans les 1/13 mc., 2/25 mc. qui sont des bonifications de librairie.

Le maroquinier connaît la différence entre grande coupe et petite coupe, il comprend les indications de grain ou de peau — phoque, russe, chamois, long — il ne sera pas étonné si ces mots sont précédés de *façon* ; de recevoir au lieu d'**un beau cuir** un très **joli... papier** gaufré quelquefois.

Le parfumeur, le savonnier ne seront pas surpris des différences de prix que comportent les savonnettes suivant qu'elles seront indiquées à froid, à la presse, etc..., ou les flacons de parfum, extrait, alcool, essence.

Le marchand d'objets de fantaisie voit la différence entre cristal et 1/2 cristal — décoré à froid décor cuit ou émail — dorure tampon, vaporisée, grand feu ou plein or. Il ne paiera pas un plâtre **imitation** le prix d'une terre cuite — ni un sujet *fantaisie*, le prix d'un bronze.

Le marchand d'articles de fumeurs distinguera l'ambroïde de l'ambre — ou la pipe façon écume de celle en écume de mer.

Le marchand de tissus se retrouvera sans peine, non seulement dans le triage des diverses qualités, mais dans l'établissement de ses prix bien qu'achetés au mètre, au poids, à la pièce de telle longueur ou par coupes, coupons, etc...

Chaque commerçant doit connaître peu ou prou la *fabrication* des objets qu'il vend :

1° — Pour comprendre ses factures et établir ses prix ;

2° — Pour passer ses commandes nettement et s'éviter de désagréables surprises ;

3° — Pour présenter comme il faut sa marchandise au client et en faire un acheteur.

— N'avez-vous pas été souvent amusé (quelquefois agacé) d'entendre une commerçante ne savoir que vous répéter : « C'est joli, c'est beau, c'est charmant ! » Vous achetez une boîte de sardines, que l'épicière vous assure être « *merveilleuses* » ! Qu'allez-vous en faire alors ? — La modiste va vous vendre au contraire une dentelle « *délicieuse* ». Mettez la sardine sur votre chapeau et préparez la dentelle à l'huile, alors !

Pour éviter ces petits ridicules, sachez donc ce qu'il faut savoir des différences de qualités correspondant aux différences de prix. Sans être prétentieux vous saurez dire à votre client, **pourquoi** vous lui conseillez tel article plus cher.

Tout cela est assez facile à réaliser dans les commerces simples et un peu spécialisés. Mais beaucoup, maintenant, touchent à tant de différentes choses (sans connaissances spéciales), oui malheureusement pour eux. Pour vous, étudiez ce que vous devez vendre ?

Vous aurez plus de facilité pour vos commandes, vos achats. La réception ne vous réservera pas de surprises.

La marque sera plus raisonnée. Vous serez plus fort près du client. Et pour toutes ces raisons les affaires seront plus abondantes et vous laisseront un plus beau bénéfice.

Pourcentage

Nous avons vu *qu'en principe*, le bénéfice doit être calculé régulièrement, sur une moyenne *de* — o/o qui varie avec les marchandises vendues, les charges diverses du commerce, la main-d'œuvre qu'elle nécessitent avant d'arriver au client.

Régulier, constant, le bénéfice doit l'être autant que possible pour que vous sachiez toujours si vous travaillez utilement sans attendre l'inventaire annuel. Cependant si on prenait cette règle pour *absolue*, dans l'application *détaillée*, on risquerait encore de faire de lourdes fautes et coûteuses. A côté de la science de calculs bien faits, il y a le *talent de la marque* qui est un Art, que vous devez connaître.

Si rigide que soit votre honnêteté, vous trouverez maintes occasions de l'appliquer sans scrupule, vous aurez un profit sans doute, mais nul ne sera lésé, votre client sera même mieux servi, sans détriment pour aucun. Je ne voudrais jamais conseiller la moindre chose ayant même l'apparence d'une indélicatesse.

Talent de la Marque

Le **talent de la marque** ne consiste pas à surfaire, à surmarquer, suivant les termes du métier — pas plus que le talent du vendeur ne consiste à fixer les prix suivant les têtes.

Il consiste surtout à **récupérer** sur une affaire manifestement **avantageuse**, la différence qu'une autre vous donne en déficit. Et encore cette règle a-t-elle bien de l'élasticité. Quelques exemples vous serviront mieux.

1° — Vous recevez *une facture* de marchandises quelconques, vous établissez vos **prix revient** et **prix de vente** comme de règle. Mais à la réception vous avez une désillusion : La marchandise est moins belle et vous doutez que le client soit satisfait ou vous l'achète **facilement**, le prix prévu. Faut-il malgré tout la lui présenter au prix fort ? Je ne crois pas. La marchandise ne doit rentrer chez vous, pour en **ressortir** le plus vite possible...

en vous payant son passage. Or si vous estimez qu'elle sera trop chère, qu'elle vous restera, le but n'est pas atteint, et il faudra toujours en arriver à la diminuer pour l'écouler. Plus vous attendrez, plus elle sera dépréciée. Dans ces conditions, faites-le aussitôt, vous perdrez moins — vous ne perdrez rien même.

Vous inscrivez en regard des premiers prix établis : sur cette facture — **ceux** qui vous permettront une vente plus facile — Vous totalizez et vous constatez que la facture qui devait vous rapporter un total de 330 fr. par exemple, va se borner à 280 f. — Donc différence de 50 frs en moins vous laissant il est vrai, encore un bénéfice apparent de 60 frs.

Si vous êtes bon commerçant (et vous l'avez prouvé en démarquant de vous-même une marchandise neuve) vous ne vous contenterez pas de ce résultat — Il est insuffisant ; du moment que vous avez calculé qu'il vous faut un bénéfice moyen de %. sur l'ensemble de vos marchandises, et que cette réception ne vous les donne pas. — Cherchez ailleurs cette différence de 50 francs en majorant légèrement, jusqu'à concurrence du chiffre à recouvrer, tels autres articles, mieux achetés, plus apparents, de vente plus facile, etc.. Vous trouverez facilement à le faire. Mais que ce soit fait *sérieusement*, sur toute une *même série* d'articles le supportant bien, et non à droite, à gauche, de bric et de broc — Il serait préférable même que ce soit fait sur des marchandises n'ayant pas encore passé par le magasin ; attendre par conséquent, si vous le voulez une prochaine livraison qui vous paraîtra plus avantageuse.

2° — Un autre cas très courant est celui-ci. Vous recevez des marchandises à la douzaine — Dans le même paquet, peignes, brosses, etc., dans la même série de prix, éponges, broches, etc., vous avez quelques pièces bien plus belles que d'autres — plus fines, plus polies, ou moins nettes éraillées, trop dures — Pourquoi le client qui aura la pièce défectueuse, paierait-il le même prix que celui qui a l'article avantageux ?

Faites donc un triage vous-même, en prenant comme base le prix moyen établi régulièrement sur votre facture ; dépréciez s'il y a lieu l'article qui le demande, dans la mesure où il le faut pour qu'il parte et marquez **la majorité**, au prix moyen établi — Majorez carrément et sans scrupule celui que vous estimez meilleur et que votre client préfèrera, **malgré le prix**.

Totalisez pour vous rendre compte ; votre moyenne de bénéfice sera peut-être un peu dépassée, mais sans nuire à vos clients qui seront mieux servis —

Les grands magasins ne peuvent habituellement avoir ces précautions ; aussi les **soldes forcés**, sont-ils fréquents. Ils sont rarement avantageux, faits ainsi, ni pour l'établissement, ni pour le client.

3° — Employez tout modestement un autre procédé dont vous apprécierez le résultat — et qui vous sera encore une excellente publicité.

Parmi tout ce que vous vendez, il y a un article qui vous est très demandé, ou une série marchant bien — ou une denrée intéressant la majorité de vos clients — Choisissez cet article, série ou denrée, pour en faire votre appât, pour ainsi dire, votre cheval de bataille, votre réputation en un mot. Pour cela, sur chaque facture portez le prix de vente régulier, établi normalement. Voyez jusqu'où vous pouvez *le réduire* pour forcer encore la clientèle ; (Ne vendez jamais prix coûtant ou à perte, une marchandise nouvellement reçue) le prix de revient est la limite extrême. Faites la différence par factures entre les 2 prix réguliers, et prix de réclame. Et tâchez de récupérer cette différence sur d'autres marchandises bien choisies. (Les articles de **fantaisie**, supportent plus facilement un écart de prix, la comparaison entre eux étant plus difficile).

De cette façon vous avez un rayon qui vous sert de réclame, presque gratuite, si vous savez faire justement la contrepartie. Faites rarement une réclame **de prix** sur des articles de **fantaisie**, cela porte peu, ces marchandises sont plutôt votre rayon *bénéfices* que réclame ; il vous arrivera assez souvent d'ailleurs de devoir déprécier des invendus après mode passée, ou en fin de saison, ou défraîchis.

Hausses et baisses

Vous vendez peut-être des articles sujets à des **hausses** et des **baisses** quelquefois assez marquées, et ne savez comment vous en tirer sans faire des boulettes et c'est en effet assez embarrassant. En vous donnant un peu de travail, vous arriverez facilement à trouver votre compte sans éloigner le client.

N'appliquez pas toutes hausses **intégralement**. Ne faites pas profiter **aussitôt** de toute baisse. Votre stock est là pour remplir le rôle du **réservoir compensateur**. Sachez en jouer, avec discernement.

Par un calcul anologue à celui que je vous conseillais pour une livraison *peu avantageuse*, vous atténuerez la hausse.

Par un autre de même genre en sens contraire vous éviterez la baisse trop brusque.

Vous voyez, je suppose que tels articles reçus avec hausse 25 °/ₒ ne peuvent supporter actuellement auprès de la clientèle qu'une majoration de 10 °/ₒ et de ce fait votre facture vous accuse un déficit *de marque* de 200 fr. Ne marquez les objets que le prix qui n'effraiera pas vos clients, mais retrouvez ces 200 fr. en majorant dans la même proportion, des articles de même série que vous possédez en magasin.

Agissez en sens invere en cas de *baisse* pour éviter une perte sur le stock.

Voilà une baisse de 10 °/ₒ, déjà un peu comme du public, qui n'est pas fixé cependant sur la proportion. Vous avez d'abord pour vous l'avantage de n'avoir pas appliqué les hausses dans toute leur étendue, ce qui vous permettra peut-être de conserver pour vous le bénéfice de cette première baisse sur facture — A la facture suivante vous pourrez en tenir compte en faisant *une moyenne* — ou si vous croyez devoir l'appliquer intégralement, d'autres articles, dont la valeur difficilement comparable vous permettra une légère majoration, rétabliront en partie l'équilibre.

Ce sont beaucoup de soins, d'attentions. Tout cela est nécessaire à qui veut arriver **honnêtement, sûrement**.

Toutes les factures étant vérifiées, l'indication des frais, minutieusement faite sur chacune, les prix de revient bien établis et les prix de vente bien calculés — les totaux de chaque prix bien visibles, ainsi que leur différence — bénéfice brut — ou de marque — nous pouvons maintenant passer à la marque proprement dite ou pose des étiquettes.

ETIQUETTES

Nous nous sommes attardés fort longtemps à ces questions d'établissement des prix — il le fallait — C'est là le point de départ important, c'est là la pierre de touche du bon commerçant ; Vous trouverez facilement de bons vendeurs, si vos prix sont bien calculés — Vous décourageriez les meilleurs, s'il en était autrement — Et puis, comme vous l'avez compris en lisant ma

Comptabilité simplifiée

Pour obtenir de bons résultats sérieux, il faut savoir toujours ce que vous faites, et comment vous le faites.

Toute marchandise doit être marquée — pour éviter des erreurs fatales. On ne peut se rapporter à sa mémoire pour cela — J'ajouterai même qu'à de rares exceptions près, chaque article doit être marqué en chiffres *connus*, à son prix de vente *réel* sans marge pour le marchandage ! -- C'est un élément de confiance pour le client, et vous aurez toujours grand avantage à avoir sa confiance entière -- Qu'il sache bien que vos **prix sont nets** et les mêmes pour tous, et il voit alors s'il peut acquérir l'objet qui le tente chose qu'il fait presque toujours.

Qu'il s'aperçoive, au contraire, que l'étiquette n'est qu'un à peu près, et vous voilà entraîné à des discussions, des marchandages interminables, qui n'aboutissent pas toujours à un achat, lequel d'ailleurs laisse à votre client l'impression qu'il paie encore trop cher ; et il se promet bien d'être encore plus *crampon*, la prochaine fois -- Vous voilà bien avancé avec une telle clientèle vous feriez 10 ventes à *prix fixe*, dans le temps que vous mettez à en rater une.

Il arrive que l'on inscrit par une cryptographie quelconque, le prix d'achat à côté du prix de revient - Cela a quelquefois son utilité, si le vendeur n'est pas maladroit. Aussi nous passerons en revue quelques façons simples de le faire. Mais n'abusez pas de ce système. Qu'il soit, pour le client, aussi peu apparent que possible ; qu'il ne prenne pas surtout, par une combinaison trop mystérieuse, des allures de *complot* contre son porte-monnaie --

Par nature, comme par définition, le client est méfiant. Il sait bien que vous vendez plus cher que cela ne vous coûte, il sait même que vous vendez le plus cher possible - et il l'admet. -- Mais ce qu'il ne peut pas supporter c'est qu'il puisse payer *plus cher que son voisin*. Et il en sera persuadé, même si vous lui faites une réduction ; Après avoir mis vos lunettes, contemplé des lettres ou signes mystérieux pour lui, vous être donné des allures de calcul profond, etc... pour lui offrir une réduction de 0,25 -- Il sait bien que tout cela est comédie -- Et il se dit parfois : « C'est moi qui régale ! »

La conclusion, c'est qu'il n'achètera pas, ou se méfiera davantage encore une prochaine fois -- Soyez plus naturel et plus franc -- Si vous travaillez avec le bénéfice normal de 30 à 33 -- vous marquez un objet 15 fr., 18 fr., 60 fr., etc... Vous savez donc sans autre document, qu'il vous en a coûté 10 - 12 - 40 france ou environ -- Si vos articles ne supportent que 10 %, le même calcul vous donnera le même renseignement et vous aurez 13.50 pour 15 fr. -- 16 fr. pour 18 fr. et ainsi de suite.

Dans le cas d'un bénéfice *irrégulier* en plus ou en moins, vous pouvez avoir sur l'étiquette une indication ; Choisissez la plus simple : ce sera la meilleure -- Evitez surtout dans le détail, les lettres représentant des chiffres -- outre que la plupart des *marques* sont maintenant trop connues pour être utiles, elles ont cette allure cabalistique qui éveille la méfiance ou au moins la curiosité.

Vous savez comme on les établit ; on prend un groupe de neuf ou dix lettres, auxquelles on donne la valeur d'un chiffre, comme par exemple :

1°	par l'alphabet	a	b	c	d	e	f	g	h	i	j
2°	par les noms de chiffre	u	d	t	q	c	s	z	h	n	o
3°	par un ou deux mots	v	o	t	r	e	p	a	i	n	x

et l'on voit alors dans le coin, des étiquettes, des *stkz*... agrémentés de points pour les centimes. De sorte que vous-même vous serez obligé de faire un effort pour trouver le chiffre, et pendant ce temps-là vous répondrez : *Rouge* à votre client qui vous demande la *couleur* d'un cirage.

Il y a bien plus simple : Il est tout naturel qu'un article ait un N° de références. Il est même utile que vous l'inscriviez ce numéro, (quelquefois au moins) -- Eh bien ! prenez donc l'habitude, d'inscrire tout bonnement ce numéro, précédé ou suivi du prix coûtant, ou du *bénéfice marqué.* Ne changez pas votre système tous les jours, vous vous y perdriez vous-même.

On peut encore : 1° Mettre le prix entre deux chiffres, vous savez alors qu'il n'y a qu'à supprimer le 1er et le dernier ; Ou doubler un prix à la Douzaine. Du moment que vous n'aurez pas *l'air de cacher* quelque chose, cela ira -- et vous serez renseigné tout de même.

Inutile de vous dire de ne pas *assommer* d'une grande étiquette, un bibelot gracieux, de ne pas marquer en chiffres invisibles une très grande pièce, de ne pas coller sur un sac de valeur ou non, une étiquette gommée qui l'abîme -- de ne pas inscrire à même, sur un objet, surtout fantaisie, souvent destiné à un cadeau, un chiffre ineffaçable à moins de détériorer - Tel objet doit avoir son prix très visible, pour *accrocher* le client : tel autre aura au contraire, une étiquette dissimulée (rarement cependant !) ou très discrète.

Vous marquez avec des étiquettes à fil, ou pendantes tels objets ; tels autres, avec de simples cartons intérieurs, d'autres avec des étiquettes collantes — ou à pinces. — Certains sont étiquetés ou plutôt, marqués dans un coin, au crayon pendant qu'on le fait à l'encre sur d'autres. — Chaque article a ses exigences, chaque genre de vente a les siennes aussi. — Il vous faudra quelquefois de grandes étiquettes en gros caractères, pour des étalages : de véritables tableaux de prix ou d'indications, posés, accrochés, ou pendus au plafond, — ou une foule de petits cartons encadrés à chiffres bien visibles, pour des casiers différents, des groupes de marchandises. — C'est un véritable arsenal. — Mais tout cela, quoique très différent, de genre, ne doit pas être disparate. Il vous faut adopter un modèle, dont vous vous écarterez le moins possible, qu'elle qu'en soit la grandeur. — Il vous faut choisir une, deux tailles courantes, en étiquettes fil ou gommées, ou posées, et ne pas vous en départir.

Et pour que votre magasin ait du chic, du coup d'œil, donne l'impression du tout en ordre, si nécessaire, que ces étiquettes ou ces marques, soient, toujours alignées, ou toutes à un endroit choisi sur les mêmes articles, ou toutes à la même hauteur, si ce sont des marchandises accrochées.

Ce ne sont maintenant que des détails comparés à l'importance des sujets traités tout-à-l'heure mais si ces détails, en rendant votre magasin plus agréable à voir, vous attirent la clientèle, ils prendront l'importance de la recette amenée.

Si les étiquettes même doivent être en ordre, que dirons-nous de la marchandise. — Nous allons le voir !

ETALAGES

On vous a livré votre matériel qui est maintenant en place. — Vous avez veillé à être bien compris. — Vous vous êtes assuré de la solidité ou du bon fonctionnement de chaque chose. Comme vous n'avez pas marchandé mesquinement pour la force des planches, des supports, des glaces vous pensez être bien servi. — Dans cette question d'installation, il y a en effet une chose où il faut *tout ce qu'il faut* c'est la robustesse suffisante. L'économie est là, très mal placée. J'ai connu un magasin qui à son jour d'ouverture a vu dégringoler sur un rayon de vaisselle et cristaux, toute une une ligne de suspensions et de lampes. — On avait économisé sur la force des tringles et des supports ! — Belle économie qui se réalisait avec *pertes et fracas*, c'était bien le cas de le dire ! Et l'ouverture ratée, la recette perdue ! Toute cette marchandise manquant pendant de longues semaines pour alimenter la vente, et le travail à refaire ! — Ces bons commerçants devaient-ils incriminer *la chance* ? Est-ce un mauvais hasard qui leur a joué ce tour.

Non, puisqu'ils pouvaient éviter cela par un meilleur calcul de leurs intérêts. Il faut savoir prévoir. Il est vrai qu'une fois que l'on sait tout, on n'est plus bon à rien, qu'à soigner ses douleurs mais, vous, puisque vous avez *la chance* d'être un peu guidé par des conseils bien vécus, profitez-en.

Il s'agit maintenant de disposer vos marchandises. — Je crois que vous ferez bien de commencer par les vitrines intérieures de l'étalage. Pour ce premier étalage, choisissez quelques belles pièces à sensation, quelques articles de prix très avantageux. — Faites une série complète ou un assortiment judicieux de vos marchandises les plus attirantes ; le tout arrangé avec tout le goût possible, sans charger par la quantité, sans écraser le bibelot délicat, par le voisinage d'une grosse pièce. -- Quelques étiquettes de prix. — Votre propectus d'ouverture à la glace. Et maintenant, ouvrez les volets, fermez la porte, et travaillez à l'intérieur pendant que tout le quartier vous fait de la réclame !

A l'intérieur, groupez bien ensemble les articles d'un même rayon, intéressant le même genre de clientèle. Beaucoup d'ordre dans chaque coin et autant que possible avec un beau coup d'œil d'ensemble. Il faut qu'un bon étalagiste soit un peu artiste, et homme d'ordre, deux qualités difficiles à réunir. Si vous ne pouvez être les deux, soyez au moins homme d'ordre et de goût. — Que tout ce qui est cartons, paquetages, casiers, pièces uniformes garnisse les murs, **uniformémemt**, pour réserver aux meubles avancés le bibelot gracieux ou élégant, l'article de belle apparence ou de grande vente. Le tout en restant groupé par genre ou usage.

Je ne puis sur ce sujet rentrer dans des détails. — Les détails sont ici affaire *de métier*. Or vous avez choisi certainement celui que vous connaissez le mieux. Si vous êtes dans le tissu, vous savez draper légèrement, marier les couleurs ou faire une gamme de tons. Si vous avez un magasin d'alimentation, les piles, les spirales, les pyramides, les éventails de vos divers produits vous sont connues. — Je n'ai pas à dire au boucher qu'il accroche symétriquement ses quartiers en tailles descendantes ; ni au miroitier que ses glaces doivent être disposées par tailles, en dégageant tous les frontons, en protégeant d'un coussinet tous les frottements.

Et puis, de ma fenêtre, je ne vois pas très bien, votre magasin, ou votre boutique et mon conseil **de détail** pourrait porter **à faux**. Les conseils *généraux* qui sont pratiquement les plus importants sont aussi fort souvent les plus **oubliés** ; et trouverez vous bon que je vous les rappelle. —

Votre magasin est-il un peu petit, un peu exigu, pour la quantité d'articles à présenter ? Evitez alors d'accumuler. Si vous n'avez pas, (ce qui serait préférable) une autre pièce pouvant servir de réserve au trop plein, il vous faudra alors beaucoup plus d'ordre, pour ne perdre aucune place, pour remettre en place tout le déplié, *aussitôt* la vente faite, pour vous débarrasser sans retard de tout carton vide et inutile. — Partant de cette idée qu'une marchandise dans son carton d'origine, tient moins de place en rayons, se défraichit moins, que le nettoyage, la chasse à la poussière, sont difficiles dans des rayons encombrés ; vous laisserez dans leurs boites respectives et bien alignées, le plus possible de vos articles. Vous n'en sortirez pour l'étalage à la main, que la quantité *suffisante*, remplacée au fur à mesure des ventes. Dans tous les cas, évitez l'encombrement aux passages.

Disposez-vous au contraire d'une grande étendue, évitez de laisser au client l'impression de **rayons vides**. — N'accumulez pas trop à une place pour trop dégarnir ailleurs, que tout soit bien réparti. Du moment que vous avez de l'espace, votre travail est bien facilité. -- Profitez-en pour montrer dans toute leur valeur des articles disposés de façon flatteuse. -- Que tous vos rayonnages paraissent bien garnis malgré tout. Il est encore plus facile d'étaler avec goût, que d'entasser avec ordre. Evitez d'engager dans un fond, un article difficile à atteindre sans risque de casse, ou sans trop de dérangement. Ne placez pas au milieu ou en avant de votre magasin, un meuble lourd, volumineux, interceptant la lumière, pas plus qu'un rayon trop chargé d'articles sombres, -- la place de telles choses est plutôt sur les côtés, que dans un fond déjà assombri -- Mettez en avant plutôt une vitrine, ou un rayon gracieux, comme rubans, cristaux, parfumerie, bijouterie, ou une banque d'étalage basse, de petits articles courants. ---

En résumé, cherchez à obtenir que de l'entrée, on voie **la plus grande partie de votre magasin**, que ce coup d'œil d'ensemble soit harmonieux, symétrique autant que possible -- aligné --- Qu'aucune marchandise n'encombre ou ne gêne la vente d'autres articles, qui tous doivent être très accessibles. --

Après cela préparez vos bancs, ou vitrines d'étalages extérieurs Comme ils doivent être très maniables vous les avez fait faire de dimensions restreintes ; légers autant que possible sans nuire à la solidité. -- Ne les chargez pas, par de trop grandes quantités d'un même article. Mieux vaut remplacer chaque jour les objets vendus ; en remettant au-dessus ceux ayant déjà fait l'étalage, que de s'exposer à avoir quantité de défraichis par le soleil, la poussière, la pluie. --- En réduisant le nombre, vous avez d'ailleurs un contrôle plus facile pour --- ceux que **le vent** vous emporterait.

La surveillance, qui est préférable au contrôle dans ce cas là, sera aussi plus commode. --

Ces bancs extérieurs vous font souvenir d'une chose. Vous avez une visite à faire à Monsieur le Maire, pour les autorisations de voirie qui vous sont nécessaires. --- La rue n'est pas à vous ; vous n'y pouvez rien mettre à demeure sans autorisation, gratuite le plus souvent, sous restrictions de mesures qui vous seront données par l'agent voyer.

Il vous faut l'autorisation pour votre enseigne si elle est débordante, ne serait-ce que 10 centimères -- pour votre marquise ou vérandah, pour votre cadre de photographe -- où vous ne pourrez mettre que des photographies de *personnes convenables et décentes* suivant la formule qui m'a été donnée (mais les chiens peuvent figurer !). Il vous faut aussi autorisation (souvent taxée celle-là), pour votre étalage sur le trottoir. — Ne débutez donc pas, par une contravention ou un rappel à l'ordre, fâcheux pour vous --- alors qu'une démarche auprès des autorités peut vous être, au contraire, un bon point ---

EMPLOYÉS

Le jour de gloire est arrivé, si vous avez bien tout prévu. Dans quelques instants, **c'est l'ouverture,** vous avez passé la revue, marchandises et matériel. Vos soldats ou vos employés sont sous les armes ! Vous les avez bien stylés. Ils savent ce qu'ils ont à faire -- chacun en particulier -- car il faut éviter là aussi le désordre. A chacun son lot, --- son rayon, son coin, son emploi bien défini. -- Que l'un n'empiète pas sur l'autre, sans une évidente nécessité -- c'est-à-dire, n'aille vendre en dehors du rayon convenu, que si le titulaire est trop occupé --- ou que ce soit la suite *d un choix* sérieux, pour lequel vous avez confié le client à un employé qui alors le guidera partout... jusqu'à la Caisse -- surtout. Car voilà ce que tout bon employé apprécie : **une bonne fiche !...**

Surtout si vous les *guettez* ; mon opinion est qu'il faudrait toujours le faire. -- Un pour cent, 1/2 pour cent, sur la vente, accordé à un employé à la fin du mois, sur son chiffre personnel, ne charge pas outre mesure vos frais généraux, et cela le rend meilleur comme vendeur et plus intéressé à la réussite de votre maison. J'ai eu de bons employés auxquels je ne donnais qu'un fixe insignifiant, mais qui touchaient 4 et 5 °/₀ sur leurs ventes. Certains mois cela me coûtait plus cher certainement qu'un prix fait. Croyez-vous que je m'en plaigne ?.. J'aurais volontiers donné le double, c'eût été bon signe et j'étais certain de payer non *la présence*, mais le *travail*.

L'inconvénient est qu'un bon vendeur est rarement bon rangeur. En le suivant au travail c'est facile à comprendre. -- Remédiez-y en encourageant, d'une autre façon, celui qui rangera derrière lui. Ou même si votre métier s'y prête, doublez-le en lui donnant une façon de petit groom, dont ce serait l'office de remettre en place, après avoir groupé ou livré les paquets.

En somme si vous avez la *chance* d'avoir un bon *outil*, apprenez à vous en servir, tâchez de le conserver, comme **outil**, cependant ! Ne lui laissez pas prendre une importance gênante. Restez patron ! jusqu'au jour ou forcément, il faudra ou le perdre, ou l'établir, ou lui donner chez vous, si vous en voyez l'avantage, meilleure situation — Malgré les difficultés actuelles, il y a encore de bons employés quand ils rencontrent de bons patrons — La difficulté est de se rencontrer et de se comprendre. Comme vous y avez encore plus d'intérêt, soyez le plus patient, le plus juste et le plus généreux et sachez intéresser votre personnel à son travail. Pour cela que chacun ait donc son emploi, bien déterminé ; une façon de **petit domaine** à lui — ou vous conserverez seul la haute main. --

Sachez discerner les qualités, les aptitudes de chacun, et donnez-leur l'emploi approprié. Pas plus qu'il n'y a d'êtres sans défaut, il n'en est point sans un bon côté, qu'il faut trouver et utiliser. Celui qui a de l'entrain, du bagoût, un caractère enjoué est désigné pour les rayons extérieurs ; ou encore comme vendeur pour les spécialités demandant une présentation. Stylez-le un peu cependant, pour que sa faconde reste dans la note voulue. -- Un autre plus posé, un peu maniéré peut-être, mais intelligent, fera votre affaire pour la clientèle de fantaisie, mode ou analogue.

En voici un, un peu rustaud, mais ne craignant pas sa peine, confiez-lui le soin des articles courants, à ventes nombreuses et faciles, à manipulations un peu pénibles. Mettez à votre service de déballage, de marque, de réserve, un homme d'ordre, méticuleux même, assez vif et actif, et s'il le faut doublez-le d'un manœuvre déballeur ou emballeur, auquel vous ne demanderez guère que de n'être pas un maladroit. Ne prenez pas comme chef de groupe ou surveillant, s'il vous en faut, un **prétentieux**, un **emporté**, un ancien vendeur émérite. Votre personnel serait démonté en huit jours. Choisissez l'homme calme, posé, esclave de la consigne, assez autoritaire mais pas fier, et ne croyant pas manquer de prestige, parce qu'il donnera au besoin un coup de main quelconque à tel employé débordé ! Vous aurez à voir et à utiliser dans le personnel féminin, d'autres qualités ; et même à tirer parti de certains défauts. Exercez-vous en résumé à avoir l'œil d'un vrai patron, qui sait bien qu'il ne peut attendre de mercenaires, tout le dévouement et toutes les qualités pour que tout soit parfait — mais qui sait aussi confier à chacun l'emploi qu'il peut le mieux remplir pour laisser l'impression qu'ils sont des **« types épatants »** dans leur genre. Ils y tiennent tous soyez-en sûr.

Fiches

Avec un personnel nombreux, des rayons variés, des caisses multiples, des services divisés, il est de toute urgence d'établir un sérieux contrôle. Il le faut pour vous aussi bien que pour vos employés

Cela vous sera facile en étudiant et adaptant un système de fiches à talon, qui devront vous renseigner sur tous les mouvements de caisse ou de marchandises : Ventes à crédits ou au comptant, livraisons au dehors ou rassortiment au magasin, réception par achats sur place, ou expéditions au dehors.

Pour les ventes, chaque vendeur a son carnet de couleur différente, avec chiffre ou lettre correspondant à son rayon. Toutes ses ventes, *crédit* ou *comptant*, devront y être portées sur le talon ; et la fiche, remise et inscrite à la Caisse, qui elle, tient en deux colonnes différentes le **comptant** et le **crédit**.

A la réserve, le même système par carnet unique, ou carnets par rayons et services. Les rassortiments sont détaillés dans leurs grandes lignes et livrés aux employés intéressés qui signent et rendent la fiche après contrôle. Les livraisons au dehors, sont signées par le livreur a qui vous pouvez demander aussi la décharge par le client. De même que vous pouvez demander que votre chef de réserve, signe ou donne une feuille de réception au camionneur qui livre les colis et passe à la caisse pour y être payé — ou à l'employé d'un confrère qui vient encaisser le montant d'un achat sur place.

Toute opération doit vous laisser pour le bureau, une trace écrite. un document que vous relèverez soigneusement sur les feuilles étudiées dans ma *Comptabilité simplifiée*. C'est pour votre tranquillité et la bonne marche de votre affaire, d'une absolue nécessité, croyez-le bien !

Vous aurez avec ces précautions, peu coûteuses, peu compliquées, et ne chargeant que fort peu votre travail, les moyens d'établir une concordence exacte entre les sorties ventes crédit et comptant ; et les fiches. Entre crédit livraisons et ventes pour les Sorties Générales — entre le Stock réel de vos Réserves, comparé à la différence des réceptions diverses, et des rassortiments ou livraisons directes. Si vous constatez une **fuite** vous pourrez savoir d'où elle provient et y remédier. Détail qui a son importance : que toute opération, notée par vos employés le soient au **prix de vente** — même les *réceptions*. En principe vos employés ne doivent connaître que ce prix. Et pour vous-même, une marchandise dès lors qu'elle est partie de l'usine à votre adresse n'en a pas d'autre non plus, même (et surtout) pour les les réclamations aux transporteurs, question qui sera étudiée en son temps.

Une chose à savoir et qui touche à la fois les questions *contrôle* et *Employés*. Ne soyez pas féroce, pour la question marchandise avec eux, mais ayez une règle bien définie et absolue.

Qu'il soit convenu par exemple, qu'ils n'auront pas à vous payer « côté des hommes » un crayon, un papier à cigarettes, ou autre bibelot de peu de valeur ; « côté des dames » en échantillon poudre parfum, une épingle, etc.... — pourvu que cet objet *soit obstensiblement montré* à la caissière, ou au surveillant. Donnez-leur *droit*, d'en user, sans permission à chaque fois, mais imposez l'*obligation* de montrer, rien de plus. Cela vous vaudra mieux qu'une défense absolue qui ne serait d'ailleurs pas suivie Et vous leur éviterez l'occasion de se montrer indélicats, pou une *petite* chose, d'abord — en attendant mieux, forcément, par la mauvaise habitude prise.

Accordez aussi à votre pereonnel, une remise de 5 ou 10 °/ₒ sur leurs achats chez vous. Achats qui devront non pas être **payés**, mais **notés à la caisse** pour déduction sur feuille de paie à la fin du mois.

Vous aurez à ce procédé, deux avantages :

1° — Un contrôle utile si vous vous apercevez que M. ou Mlle une telle se sert de telle ou telle chose sortant de chez vous — sans avoir jamais acheté.

2° — Vous éviterez l'*abus possible*. Certains employés étant assez bons commerçants pour profiter de cette différence et faire un petit commerce, profitable pour eux, dans leur quartier. L'inconvénient n'est pas énorme. Ils vous servent en somme de placiers, et vous donneriez bien une commission à celui que vous prendriez en titre. Mais un patron doit toujours savoir ce qui l'intéresse, et s'il vous plaît d'encourager tel vendeur habile, vous lui donnerez le moyen de faire, à côté de son service courant, son petit métier particulier ; si vous y trouvez votre profit !

Clientèle

Notre personnel doit savoir quels sont vos désirs dans la façon de recevoir la clientèle, et il doit s'y conformer. La plus grande politesse, c'est entendu, sans obséquiosité, ni grimaces — la plus grande complaisance — la patience. Tout cela ne fait aucun doute. Mais si vous donnez par exemple comme « Entrée Libre » deux écueils sont à éviter :

1° — Trop de désintéressement des clients ;

2° — Trop d'offres de service.

Evitez les défauts que vous avez pu constater en voyage, chez vos grands confrères. Qu'un collègue inconnu ne sorte de pas de chez vous en disant aussi : « Grande Maison, mais boîte drôlement tenue. » Il est aussi désagréable à une cliente, même bien disposée, d'être assaillie, dès la porte et tout le long de son parcours par des « **Vous désirez ? Mme!** » que d'être traitée en quantité négligeable, et pas même honorée d'un regard. Vous payez des employés, pour les mettre à la disposition des clients, pour qu'ils vous fassent de la vente ; donc indiquez-leur le moyen d'y arriver.

1° — Que vos vendeurs soient toujours visibles et à leur place ; occupés, cela, en général, a peu d'importance. Celui qui veut acheter, sait attendre ; mais qu'il trouve à qui s'adresser ! et ne sois pas tenté de se servir seul ! Interdisez donc les groupes de bavards, d'amuseurs, qui désertent leur poste.

2° — Que de leurs rayons, ils voient les arrivants et qu'ils *aient l'air de les voir*, pour les guider, s'ils constatent de l'embarras à se diriger. pour les servir, s'ils voient en eux des acheteurs, Supprimer carrément le « Vous désirez ! » insupportable, Votre employé peut tout aussi bien demander : Quel rayon cherchez-vous ? ou s'il a saisi quelque chose ; l'indiquer de suite carrément autrement que que par un « **Au fond!** » et une pirouette !

C'est sans doute très amusant pour la jeunesse que vous employez, de se renvoyer, comme une balle, d'un coin à l'autre, par des « *Par ici* ! » variés la vieille dame, ou le monsieur énervé, — mais votre recette se porterait beaucoup mieux, si le client indisposé par ce jeu de cache-cache, avait, au contraire, été bien guidé, pour le mettre en bonne humeur de trouver tout parfait.

Certains, habitués à votre maison, vont droit où ils ont affaire ; d'autres viennent pour flâner ; ils achèteront peut-être ; ils sont bien rentrés pour cela, mais sans idée arrêtée — Cela se voit, tout de suite laissez-les à l'aise, *sans les perdre de vue*, cependant et qu'ils aient un vendeur, dès que leur idée paraît s'être fixée — (C'est un genre de clientèle à surveiller !)

Il est facile de reconnaître le Client qui veut quelque chose *et ne le trouve pas ;* celui-là seulement doit être aidé spontanément, donc interrogé.

Un autre bon conseil — Supprimez par *ordre* le « *C'est tout ?* » ou « *Avec cela ?* » banal, ridicule qui n'obtient jamais de réponse utile — Faites remplacer (et avantageusement) ces formules par une énumération raisonnable de quelques articles pouvant intéresser l'acheteur, celui en particulier qui vient d'être servi ; et que le vendeur ne lui offre que des objets qu'il croit pouvoir lui vendre — Soyez aide-mémoire de votre client.

Nous avons convenu de travailler plus spécialement un article, un rayon ; ou nous avons organisé une vente réclame : Que chaque employé reçoive l'*ordre*, de ne pas laisser partir un client, sans le lui avoir rappelé — par une courte phrase, de ce genre : Avez-vous goûté notre café ? ou Connaissez-vous notre brosse : Visitez donc notre Rayon de..... Très intéressant ? ou encore : « Vous savez qu'aujourd'hui vous gagnez....... en achetant.... ! » — Toujours, toujours, des choses personnelles, s'adressant **au client présent**, mais supprimez tous *les vieux clichés.*

Un client ne doit pas sortir de chez vous, *ayant besoin* d'un article que vous vendez, sans l'avoir acheté ou sans qu'il lui ait été au moins *présenté.*

Evitez la fatigue, l'insistance, qui n'ont pas d'ordinaire un résultat heureux ; dès lors que l'offre a été faite, que les avantages ont été montrés, n'insistez plus ! Votre rôle n'est pas comme le croient certains vendeurs, un peu prétentieux, mais peu intelligents de vider les portemonnaies — La cliente qui n'aura pas su se défendre vous en gardera rancune, et vous ne la reverrez pas de longtemps. Chez l'autre, plus forte, la méfiance est éveillée. Vous allez donc contre votre intérêt bien compris qui est de vous attacher une clientèle fidèle et confiante.

Une autre chose à éviter est de *contrarier* le client dans son choix. Certains vendeurs, toujours dans ceux qui se *trouvent bons*, ont la *manie* alors que l'acheteur est presque décidé, de proposer un autre article sous prétexte de faire monter la vente — La proposition en soi, n'a rien de mauvais, si elle réussit ; mais si elle entraîne à discussion, il vaut mieux ne pas insister et terminer la vente comme elle était commencée. Sans cela il vous pourrait fort fort bien arriver de dégoûter le client de l'article d'abord choisi, — sans le décider pour cela sur celui que vous proposez — Résultat : une vente ratée.

Il y aurait avantage dans le cas d'un personnel nombreux, de **polygraphier**, en quelques mots les meilleurs conseils à donner aux vendeurs, sur une feuille contenant aussi le règlement de la maison — ouverture, repas, congés, etc... et distribuer cette feuille à chacun — Ce leur serait un rappel et faciliterait les observations — J'ai employé ce système très utilement, avec un personnel variant de 20 à 40 employés, hommes et femmes.

Du moment que vous avez des employés, la vente se fait aux prix marqués, sans marchandages ni remises d'aucune sorte — C'est évident et impossible autrement. — Il arrivera cependant qu'un client important se croira fondé à demander une réduction et voudra vous voir.

En principe, que vos prix soient *irréductibles*, absolument - Que pas un client sortant de chez vous, ne puisse aller dire à son voisin, qu'en s'y prenant de telle sorte, il a payé meilleur marché — La fâcheuse habitude s'implanterait chez vous, les affaires y deviendraient impossibles -- Je vous répèterai ici, ce que je vous disais en parlant de *la marque* -- Le client marchandeur, écouté ou non, ne sera jamais content, et vous en fera perdre d'autres, si vous lui cédez --. Vous le conserverez mieux lui-même si vous êtes ferme -- Mais je parle **DES PRIX**. Le cadeau d'un objet *supplémentaire*, ou même simplement *rayé de la facture*, n'a pas le même effet néfaste, et peut vous permettre de raccrocher un client entêté, trop mécontent de votre intransigeance, ou d'encourager un autre bon acheteur qui a peut-être réservé tous ses achats à la même maison dans l'intention, bien naturelle, d'en avoir un petit profit.

Vous avez 3 moyens à votre disposition pour cela :

1° L'ordre à la Caisse d'accorder une bonification de % aux achats atteignant tel chiffre

Si la somme n'est pas atteinte, qu'on y arrive en ajoutant tel ou tel article.

2° Le cadeau personnel, ou la remise d'un objet qui ne sera pas compté -- C'est-là l'affaire du Patron -- Directeur — Surveillant.

3° La vente solde ou occasion -- S'il s'agit d'une chose que vous désirez voir filer ; prétextez d'un vice, d'une éraflure, d'un n'importe quoi, qui vous permet de laisser à...... si le client veut profiter d'une bonne affaire.

Mais toucher aux prix marqués, jamais !

Pour le bon ordre de vos écritures que ces remises, bonification, différence, cadeau, soient inscrits à la Caisse -- dans la colonne **Frais Généraux à Marchandises** -- au titre *publicité*, car ce sont vraiment des frais de réclame.

Avec ces indications, votre Maison, ayant le bon emplacement, le matériel simple, bien compris, et bien disposé ; les marchandises étant bien présentées à la place qui convient à chacune ;

les employés bien stylés, intéressés à ce que tout marche bien pour vous ; les clients seront bien accueillis et seront vite des acheteurs, si *vos marchandises plaisent ;* Tout est là pour vous maintenant ; *il faut savoir acheter.*

Savoir acheter

Savoir acheter, pour le commerçant c'est plus important que de savoir vendre. Et il avait un peu raison, le patron qui disait, un peu brutalement : Les bons employés, je m'en fiche, ce que je veux, c'est de la bonne marchandise, elle parle et elle file toute seule ! » Il y a du vrai si cette marchandise est bien marquée, bien présentée, et que le personnel n'est pas repoussoir !

Peut-on apprendre à bien acheter ? Oui, et on l'apprend souvent **à ses dépens**, mais c'est déjà quelque chose que *d'apprendre*, de reconnaître pourquoi on s'est trompé, et ne pas répéter la même faute sur un autre article.

Il y a là d'ailleurs quelques principes bien simples qu'il est bon de rappeler aussi. Nous allons les passer en revue :

La première qualité est la *prudence* dans le choix, dans la quantité, dans le prix et cependant il faut aussi la *décision ;* toujours hésiter n'arrive qu'a un résultat négatif.

La deuxième est le *goût*, même personnel cependant, certaines horreurs se vendent bien, et il faut donc encore oublier le parti-pris.

La troisième est le *savoir*, *l'acquis*, tant au point du vue provenance, que genre. Cependant on a des fois de bons avantages avec des maisons nouvelles — certaines transformations sont heureuses.

Il faut donc se garder de l'absolu. La première chose à savoir c'est le genre, le goût de la clientèle, ses habitudes...

La deuxième chose à connaître, c'est la source ordinaire de son approvisionnement dans votre localité ou à la ville voisine pour offrir, s'il se peut, un avantage à vos acheteurs.

Si, établi dans le pays depuis quelque temps, vous savez là-dessus à quoi vous en tenir, il vous sera plus facile, d'avoir ce qui plaît, au moment convenable, en quantité suffisante et sans excès.

Si, au contraire, vous êtes nouveau venu, profitez sans fierté de l'expérience de vos prédécesseurs ou modestement, prudemment, de l'avis d'un employé du pays. Etudiez la clientèle en lui présentant d'abord par petites quantités, les marchandises que vous supposez l'intéresser ; noter les demandes qui vous sont faites d'articles manquants, pour faire venir (très peu d'abord) ceux qui sont réclamés plus souvent. Sachez pourquoi, vous ne vendez pas celui-ci, (si vous pouvez faire parler vos clients). Dans certains pays ce n'est pas commode.

Je me souviens, à une ouverture, être resté des mois sans vendre de toiles cirées... Pourquoi ? Je ne pouvais le savoir ; je baissais les prix, même résultat. Et l'assommant c'était ce : « Ma foi ! » tout ce qu'on trouvait à me répondre — sans un mot qui me mette sur la trace — Et c'était bien simple ? J'avais tout un bel assortiment de nappes en 120 et 140, suffisantes pour tout ménage de villes. Mes paysans n'avaient, eux, que des tables de 3 et 4 mètres, larges de 0,60, plus une table ovale de 150 cm. sur 120 habituellement.

Je n'avais qu'une chose à faire, me débarasser de tout mon stock ailleurs — et acheter ce qu'il leur fallait en pièces, et en nappes. Ce que je fis rapidement. Et la vente marcha rapidement aussi.

Il est évident que vous ne vendrez pas d'espadrilles où l'on ne porte que des sabots ; ni des conserves de petits pois, si chaque client à son jardin qui les lui fournit. Tout cela il faut que vous le sachiez, et bien d'autres choses ! Il faut connaître toutes les habitudes, et avoir l'article qui peut être demandé à l'occasion d'une fête, d'une naissance, d'un mariage.

Sachant bien cela, sachant qui fournit habituellement, apprenez aussi les condidions, et tâchez de faire un peu mieux, ou aussi bien ; vous avez l'attrait *du nouveau*, et du *sur place* qui vous avantage un peu.

Pas plus que dans la réclame, *ne copiez* jamais un article concurrencé, ni dans le prix, ni dans le modèle. Cherchez une autre provenance, vous trouverez mieux ou aussi bien, mais une légère différence de fabrication vous permettra de la présenter comme un avantage et vous laissera votre indépendance pour le prix à marquer.

Ne vous emballez pas sur les *nouveautés qui se vendront*, contentez-vous de les avoir quand elles sont demandées, quand elles se *vendent*. Je ne vous conseille pas d'être en retard ; mais ce n'est pas à vous à *lancer*. Une très petite qualité au début, simple échantillonnage pour tâter si votre clientèle a des dispositions à *mordre*. Et ensuite de *très prudents* achats, se succédant, mais n'emmagasinez pas des *Nénette et Rintintin*. Vous savez combien tombent vite les engouements, les plus furieux. Tachez de savoir profiter de la vogue, arrêtez les achats *dès que vous constatez un simple ralentissement*. Vous ne trouveriez pas quatre sous de ce qui vous resterait d'un article dont la vogue est passée --- et votre bénéfice serait justement dans ce reste. Peu intéressant !

Ne vous laissez pas éblouir davantage par les conditions mirobolantes qui vous seront offertes pour un marché trop **important** pour vos **besoins**. Tout l'avantage qui vous est donné serait perdu si l'écoulement ne répondant pas aux belles promesses, vous voyez immobilisé en rayons un capital important, qui vous manquer a ailleurs pour alimenter un rayon de bonne vente, ou qui vous acculera à la nécessité d'une opération de banque onéreuse. Et, encore ces articles dont vous vous êtes trop chargé conserveront-ils leur valeur le temps suffisant, et ne devrez vous pas peut-être les déprécier pour les écouler ?

Conservez votre indépendance. N'achetez que ce que vous savez pouvoir vendre dans un temps voulu. Ne commandez que la quantité suffisante pour avoir une livraison avantageuse en profitant des différents franco, et bonifications --- si cette quantité ne dépasse pas trop et vos besoins de vente et vos moyens d'achat.

Dans le même ordre d'idée, méfiez-vous des prétendus *dépôts*, qui souvent sont des ventes déguisées et obligatoires dans un certain délai et qui presque toujours prennent une place qui serait mieux employée à une vente courante et rémunératrice.

Vous ne devez donc acheter *toujours* que les quantités qui vous paraissent suffisantes ; rarement un peu plus fortes si c'est le moyen d'obtenir un prix avantageux. Faut-il encore calculer, si l'avantage qui vous est accordé, compense l'interêt d'argent immobilisé pendant une durée de..., le risque de mévente. La *prudence* vous conseille tout cela. Mais si vous avez le *coup d'œil*, l'esprit de décision, vous enlèverez, sans hésiter, la grosse affaire, qui vous permettra à la fois une réclame intensive et un beau bénéfice. Je ne veux pas appuyer beaucoup sur ce point. Les affaires de ce genre sont plus tôt rares, et s'il est bon, de ne pas les laisser échapper, il faut se garder de prendre pour avantageuse, toute présentation originale tout rabais de prix, accordé souvent à un article peu vendable — toute belle promesse. Croyez bien que si l'on insiste tant, c'est que le placement n'est pas facile. La bonne affaire **se cherche**, se **rencontre** quelquefois — mais **ON VOUS LA PRÉSENTE rarement**.

Il faut acheter *avec goût* : Et il y a beaucoup de *goûts* différents à connaître. Celui du client d'abord, qu'il est nécessaire de pressentir c'est lui qui achète, c'est donc lui qu'il faut tâcher de contenter. Souvent vous constaterez même que ses préférences s'éloignent sensiblement du bon goût.

Ce qui fait dire quelquefois, qu'il suffit qu'une chose soit bonne ou pratique pour ne pas se vendre. Malgré cela, sauf les cas connus d'une habitude. d'une préférence locale invétérée ; choisissez plutôt l'artiéle du meilleur goût, à votre point de vue, et même à celui du vendeur. On ne vend vraiment bien que ce que l'on croit bon ou beau, et l'on trouve alors plus facilement le mot à dire pour enlever la vente.

Répertoires

La troisième condition, **science acquise** des provenances, prix, qualités ; succès plus ou moins grand de chaque produit ne peut forcément vous être fournie que par l'expérience. Cette expérience vous l'obtiendrez plus vite en employant quelques moyens protiques qui assureront ou rafraichiront votre mémoire. Ayez deux carnets répertoire même de poche. L'un que vous tiendrez par ordre alphabétique de noms et d'adresses, avec la simple indication de l'article que l'on y trouve plus ou moins avantageusement.

L'autre par ordre alphabétique de fabrication ou d'articles — suivi des noms et adresses des maisons qui vous ont paru les meilleures dans vop précédentes transactions. Un prix, une indication sommaire fixeront votre souvenir. Ces recueils de véritables références, vous gagneront et du temps et de l'argent: Il vous suffira d'y apporter un peut de goût et de soin.

Achats

Vos achats se font 1° -- ou par correspondance, 2° -- ou par choix sur place, chez le fournisseur, 3° -- ou par examen de la collection du voyageur.

Par correspondance, il vous sera plus facile de suivre les conseils que nous venons de détailler — Aussi si vous débutez, si vos moyens sont très limités, si votre clientèle est butée, (car fréquent en provence) c'est ce mode que je trouverai pour vous le meilleur à employer habituellement. — Vous vous limiterez mieux à vos *besoins réels*, comme quantités et comme choix et vous vous éviterez les achats ou trop chargés ou de nouveautés qui souvent n'aurent pas de succès. —

Soignez simplement vos commandes, pour qu'elles soient nettes et sans risque de fausse interprétation. Pour cela ayez, devant vous, la dernière facture de l'objet ou produit que vous commandez et faites le dans les mêmes termes, numéros, prix etc... ou relevez les indications du tarif, catalogue. —

Terminez en indiquant conditions et date de livraison, de paiement — Que tout soit bien réglé, sans surprise possible ; quand il vous arrive une surprise, elle est rarement intéressante, mais presque toujours désagréable.

2° Achats sur place — en fabrique — ou chez le fournisseur — Que cette pratique, ce voyage annuel ou semestriel, soit utile, nécessaire même dans les commerces ayant trait à des objets sujets à la mode. C'est incontestable ! Faut-il encore bien se surveiller, se défendre contre les offres intéressées de patron ou employés, contre vos propres inclinations vous poussant toujours à acheter plus qu'il ne faut réellement, plus beau que ne le demandent les besoins ordinaires de la clientèle. — Ce qui fait, que l'on revient avec un carnet chargé de doubles d'achats, que l'on se demande avec angoisse comment écouler ; dès que l'on est sorti de l'atelier ou du magasin de gros. -- Le fait est que ce genre d'achats, (où l'on voit cependant ce que l'on achète) est celui qui vous fournit le mieux vos rayons en **rossignols !** C'est aisé à comprendre, vous vous trouvez dans un milieu tout différent de celui de votre vente habituelle, votre goût en est un peu dérouté, et puis on espère toujours *mieux*. -- Si vous êtes obligés à de tels achats, un bon moyen de les faire plus sûrement c'est de vous représenter votre magasin la place qu'y occuppera l'objet -- Cherchez même la ou les clientes qu'il pourra intéresser entendez leurs réflexions possibles ? etc...

Mais si vous pouvez faire votre commande de votre bureau, faites-le, et à la place de ce voyage d'achats projetez un voyage d'agrément. Souvent il vous coûtera moins cher.

3° Il est cependant utile de **voir** quelquefois des *Collections*, ne serait-ce que pour se mettre *à la page*, des prix et nouveautés. Celles des voyageurs, vous seront habituellement bien suffisantes pour cela. Et vous aurez encore plutôt à modérer vos désirs qu'à chercher à vous laisser convaincre pour toutes les belles raisons qui vous seront servies.

Mais enfin, vous êtes chez vous ; vous voyez l'état de vos rayons ; pendant que vous achetez vous entendez les réflexions de telle cliente ; et vous n'oubliez pas que la vente ne se fait pas toujours aussi facilement que le prétend le voyageur. --- Cependant malgré tout, je suis sûr que l'ordre qu'il va emporter arrivera à un chiffre double de celui qui était simplement utile. C'est à peu prés inévitable : raison de plus pour être bien persuadé que vous avez là à vous défendre contre la marchandise qui vous tente, contre le voyageur qui insiste, contre votre employée même qui vous conseille, un peu grisée aussi, par tout ce déballage.

Ne soyez pas mesquin, **trembleur !** Non, mais soyez bien votre maître, c'est-à dire maître de vous, d'abord et de vos intérêts bien compris. Achetez ce qu'il vous faut, rien de plus que ce qu'il faut, et obtenez les conditions avantageuses que vous êtes en droit de demander.

Voyageurs

¡Que devront être vos rapports avec les voyageurs?

En général, soyez affable, encourageant, même et surtout pour ceux que vous refusez de recevoir. Songez que dans ces braves gens, il en est de malchançards qui essuient refus sur refus, faute d'une *bonne carte* ou d'un peu d'aplomb. Ils ne méritent pas qu'on les chasse presque, ou qu'on ait l'air de les oublier dans un coin, parce que leur produit et leur maison vous sont inconnus. Quelques-uns sont fatigants, insupportables, c'est vrai; n'importe, soyez un peu patients; et réservez vos froideurs pour la catégorie des *prétentieux ridicules*, qui ont quelquefois la **bonne firme**, mais vous la font prendre en grippe en vous la montrant la première, **la seule**, l'indispensable, sans laquelle on ne peut rien, etc.

Ne prenez de ces fameuses marques indispensables que *juste* ce qu'il faut pour contenter votre client ou pour obtenir une *petite livraison*, que la Maison voudrait toujours importante comme elle. Travaillez plutôt, l'article bon, bien livré, bien présenté et qui cherche à faire son chemin. Presque toujours vous y aurez plus d'avantages. Et le client aussi! On met souvent *tant d'argent* dans une publicité monstre qu'on arrive à livrer au client... *une belle étiquette* et un petit pas grand-chose derrière.

Il faut vous méfier un peu (je vous conseille en commerçant) des voyageurs *amis* que l'on veut favoriser. C'est dangereux pour votre Caisse et pour vos Rayons. Dans le travail ne voyez donc que le travail! Que vous ayiez vos préférences, et que vous commandiez là plutôt qu'ici: Très bien! Mais puisqu'il est votre ami, qu'il vous obtienne au moins des conditions équivelentes! Sinon, n'achetez que là où il est bon. Offrez-lui plutôt un bon déjeuner, que de lui accorder une note forcée qui vous pèsera au cours de toute la saison!

Ne croyez pas être absolument dans la voie en vous disant « Je n'achète qu'en premières mains donc j'achète bien! Il s'en faut que ce soit vrai toujours. Il y a d'abord pour une même sorte de marchandises, bien des *premières mains* variées, avec des conditions, des prix, des qualités différentes. Et puis chacune de ces fabriques ou grosses boîtes, s'est spécialisée avec plus ou moins de succès, en l'une ou l'autre série de leur fabrication. Et dans le cas de forts achats, il est utile de connaître cela. Mais pour en profiter vraiment, il faut encore avoir un **débit suffisant**. qui vous permette l'achat séparé chez tel ou tel, de son article seulement le meilleur. Or pour obtenir livraison il faut atteindre un chiffre, un poids trop élevés peut-être pour vos besoins.

Et vous auriez grand tort de passer outre. Vous devez toujours avoir le souci de répartir vos moyens d'achats pour *l'ensemble* de votre vente, évitez donc de vous gêner, matériellement et pécuniairement en stockant sans raison — Usez cependant de ce procéder, pour l'article que vous travaillez **SPÉCIALEMENT** si l'écoulement suffisant vous le permet.

En dehors de ce cas, vous vous trouverez mieux, souvent, de vous fournir. chez un bon dépositaire en gros -- ayant dans telle spécialité telle fabrication, les meilleurs numéros et les meilleurs prix de provenances -- Vous aurez là facilité de faire un choix ; de mieux assortir des modèles avec des quantités moindres ; et si vous payez un prix supérieur, souvent la différence est regagnée par la facilité d'affaires que vous donnent en général ces maisons ; comparées à l'intransigeance insupportable et habituelle de celles qui se croient les maîtresses du marché. —

Défiez-vous de *l'article d'entrée* du voyageur ou de la maison. -- Plus cet article est avantageux de prix, plus il vous prouve qu'on a fait sur lui, un gros sacrifice -- espérant bien le rattrapper et largement sur le reste de la collection. Vous connaissez toutes les ficelles du métier, ne vous laissez pas prendre et pour payer 4 fr. un article vendu habituellement à 4,50 ou 5,00 n'allez pas accepter pour tout le reste des prix majorés de 10 ou 15 %.

N'achetez que ce qui est bon à vendre.

Sociétés

Il existe des **Groupements d'achats, Sociétés** plus ou ou moins importantes, propriétaires elles-mêmes de nombreuses maisons de détail -- et accapparant pratiquement de cette façon, toute la production des fabriques les intéressant. -- Le petit commerçant lutte difficilement là contre, et malgré son savoir arrive plus difficilement encore à s'approvisionner comme il le voudrait

Il vient un moment où il doit examiner, s'il ne lui serait pas plus avantageux d'entrer lui-même dans le mouvement.

Quelquefois, en effet, il peut-être préferable de sacrifier un peu de son indépendance, et de signer un **contrat d'achats**, qui en échange de certains avantages vous contraint de ne rien acheter que par telle Société. — On profite ainsi sans conteste, des prix, remises, bonifications, faites par les usines ; mais on paie en retour une commission de °/o qui ne s'abaisse un peu que lorque le chiffre des achats est important. — Pour les fabrications de Paris ou banlieue, l'avantage reste sérieux — Pour la grosse cavalerie de province, c'est contestable ! A chacun de juger, par le genre de vente qui domine chez lui, si l'avantage compensera l'inconvénient. A chacun de ne pas s'embarquer à la légère avec telle Société plutôt que telle autre. L'une en effet, peut chercher à acquérir à bon compte votre Maison, et saura profiter du bon moment si... L'autre n'est peut-être, vraiment qu'un Syndicat d'acheteurs !

Bureau

Avec toutes les factures déjà étudiées, les tarifs à classser les doubles de commissions, les baux, assurances, patentes, nous voilà encombrés de papiers et notre **bureau** demande à être organisé.

Il faut le faire très simplement, mais méthodiquement ; il faut que tout ce qui est *utile* puisse être facilement trouvé. Un point essentiel est donc de se débarasser de tout ce qui est *inutile*. — Avec certains soins cependant ; un tarif même inutile pour vous, ne doit pas être simplement jeté, ou servir à l'emballage. — Le client ou le concurrent peuvent y remarquer tel prix ou adresse qu'il vaut mieux garder pour vous : Donc, **brûlez**, ou utilisez **chez vous**, tous tarifs, correspondance commerciale factures annulées etc.

Classez ensuite par catégorie, par genres, tout le reste, dans des bibloraptes, cartons, serviettes en papier fort, comme il vous l'a éte expliqué dans la

(Comptabilité Simplifiée.)

Ces divers dossiers avec leurs titres seront réunis par Titres principaux, dans un tiroir, casier, cartonnier, ayant quelques fiches débordantes, qui vous indiqueront de suite ou se trouve ce que vous cherchez. Le tout convenablement groupé dans de simples rayons aux dimensions voulues.

Les rayons **élevés** réservés aux dossiers anciens et aux documents de manipulations peu fréquentes et **BIEN A LA MAIN,** au contraire, tout ce qui est d'un usage journalier : les imprimés à en-tête commercial de votre maison. Les dossiers : factures à recevoir, à payer. Les traites et reçus, les doubles de commission. Les factures classées, mais récentes — les tarifs courants, etc.

Le bureau lui-même peut n'être qu'une table forte, assez vaste, avec un tiroir suffisant pour y renfermer *vos livres*, et éviter les indiscrétions ; un **tiroir caisse**, et un autre pour les papiers de banque, baux, assurances, patentes, etc.

Cette disposition sommaire peut suffire à des commerces même d'importance moyenne — et peut aussi se modifier suivant les nécessités. Beaucoup d'ordre ; à chaque chose une place bien définie et toujours la même : Aussitot un travail terminé remettre en place tout ce qu'il vous a été utile de déranger. Jamais de papier en désordre sur la table, les tiroirs fermés, et dossiers à leur place.

De citte façon, vous ne perdrez pas de temps à rechercher, une facture égarée, un reçu nécessaire, un tarif introuvable, et vos affaires se feront tranquillement comme d'elles-mêmes.

Litiges, Conflits

Dans la *Comptabilité simplifiée*, vous avez vu que des Livres bien tenus peuvent grandement aider à la bonne marche d'un commerce.

Ils peuvent aussi vous éviter bien des ennuis. Pour les contestations avec les clients, c'est facile à comprendre — et à résoudre. Avec le système adopté, de **toutes transactions notées** au fur et à mesure vous avez toutes les preuves utiles pour avoir raison.

Avec les fournisseurs, de même ; la simplicité de vos écritures, leur netteté, contrastant avec le fouillis trop habituel, les éclairera, et vous obtiendrez aussi gain de cause. Même en leur demandant une chose non convenue, mais que vous trouvez juste, comme par exemple la division ou le retard d'un paiement. Pour cela, il est vrai, il faut être un peu client *fidèle*, ne pas accorder vos faveurs à tout nouveau solliciteur, réserver au contraire, pour le vieux fournisseur la majorité des ordres. Vous n'y aurez que profit.

Avec le **FISC** aussi, vous aurez peut-être à lutter. Beaucoup de commerçants modestes, faute d'en avoir les éléments, acceptent les chiffres imposés. Beaucoup d'autres, tout en croyant faire une déclaration peut-être insuffisante, s'imposent eux-mêmes au delà de ce qu'ils doivent réellement. Et c'est très fréquent, parce que leurs *livres* manquent de clarté.

Sur tel chiffre de bénéfice, avez-vous songé à déduire régulièrement l'amortissement du capital, du matériel? — Avez-vous compté que l'emploi que vous tenez dans votre maison, doit être raisonnablement rétribué par les Frais Généraux, etc... Je ne peux là, qu'ouvrir des aperçus, mais je ne veux pas aider la fraude. De toutes façons, prenez les dispositions pour ne payer que *ce qui est dû;* si toutes les grosses affaires ne trouvaient pas le moyen, elles, de rogner, même sur ce chiffre exigible, peut-être pourrait-on exonérer à la base, plus largement et plus justement.

Les contestations sont encore possibles, avec les transporteurs, les gares, etc... Presque toujours c'est vous qui aurez raison, sans pouvoir le prouver bien facilement. Chaque litige a sa façon particulière d'être envisagé, et pour donner un conseil sur le fond, il faut en connaître l'objet. Il y a, à côté de cela **des règles** dont il ne faut pas se départir. Sans m'y attarder beaucoup, puisqu'en général elles sont connues, je puis vous les rappeler :

1· — Ne prendre possession des colis qu'après vérification du poids, et de l'état apparent de l'emballage, cachets, ficelles, etc.

2· — S'il y a doute, le prendre **sous RÉSERVES acceptées** du chef de service, ou demander un employé pour assister au déballage.

3· — S'il y a lieu à réclamation, la faire **sans tarder**, bien explicitement, et la remettre *au chef de gare*, ou la lui envoyer sous pli recommandé.

Evitez de vous aliéner le personnel des gares par des réclamations incessantes pour des choses futiles. Son avis sera demandé pour la solution du conflit — et si vous êtes pour lui une cause d'ennuis, de feuilles supplémentaires à remplir, pour une pelote de fil ou une savonnette, Il donnera un avis défavorable pour la conclusion d'un litige important, ou ne fera rien pour hâter sa solution. Un moyen très honnête, quoiqu'un peu irrégulier,, sauvegardera vos intérêts tout en vous conciliant le personnel : D'accord avec le chef de service, ou le chef de gare, **faites constater et prenez note de chaque avarie** ou manquant, mais ne faites de véritable réclamation que sur une expédition un peu importante vous arrivant en mauvais état et sur laquelle vous faites porter toutes les menues pertes de détail. en majorant l'avarie ou le manquant dans la proportion convenable, pour être indemnisé des petites pertes précédentes.

Que vos réclamation soit *courtes* et *nettes*. Mentionnez *bris, avarie, manquant, retard* préjudidiables suivant les cas, en indiquant la somme que vous réclamez pour cela. Il n'est pas toujours urgent de produire **la facture d'origine**. Pour vous, le préjudice s'estime sur le **prix de la vente manquée.**

Si on exige la facture pour constater le prix de l'objet, ce qui est un abus, vous êtes forcé à demander en plus : **indemnité** pour les frais emballage, ports et autres que vous avez supportés ce qui en somme revient au même.

N'exagérez pas vos revendications, mais faites-les *complètes*. Rappelez-vous que, pour qu'une réclamation soit admise, il faut d'abord que la lettre de voiture soit en votre possession donc *payée*.

Vous recevrez des offres d'Agence, dont c'est le métier, pour la révision de vos lettres de voitures. Si vous avez des transports **variés** et importants vous pouvez les leur confier, ces agences garderont pour elles *la moitié* de la réduction obtenue et vous toucherez le reste. J'aimerais mieux que vous étudiiez vous-même, les quelques tarifs qui peuvent vous concerner et qui sont moins compliqués qu'ils ne le paraissent. Vous feriez vous-même votre réclamation. si vous constatez un écart suffisant pour la motiver et vous en auriez ainsi **tout** le bénéfice, sans beaucoup de peine.

Utilisation des Emballages

Que faites-vous de tous ces emballages de vos diverses expéditions ? La plupart vous sont facturés même plus qu'ils ne valent, mais c'est tout de même une valeur qui ne doit pas se perdre. Ce serait ou bénéfice perdu ou marchandise marquée trop cher.

Utilisez-les donc au mieux. Si le retour est accepté à prix raisonnable, groupez et retournez dés que vous avez ce qu'il faut pour un envoi suffisant.

Si une usine, une fabrique de votre localité peut en employer certains : cartons, caisses, papiers, varech etc, traitez avec elle un prix à forfait et débarrassez-vous à mesure.

Si votre commerce s'y prête, si vous avez sous la main un vieil ouvrier, heureux de trouver un travail facile, même peu payé ; si vous-même êtes un peu bricoleur, employez vos meilleures caisses à des rayonnages de réserve. des banques provisoires — même des petits bancs, des jouets, brouettes, voitures, des garde-manger etc.. Cela ne peut convenir à tous, mais ceux qui n'y ont pas répugnance, trouveront là une source de profits et de réclame.

Que les papiers d'emballage, ne soient pas déchirés, ni gâchés inutilement. Bien sûr que vous ne vous en servirez pour envelopper un col de dentelles — mais tant d'autres articles peuvent les utiliser avantageusement.

On en peut dire autant des cordes, des ficelles, des sacs en toiles d'emballage -- Tout cela doit retrouver son emploi, il faut donc éviter les coups de couteaux à droite et à gauche. Sans faire perdre du temps à **défaire des nœuds**, demandez simplement que l'on ne coupe ni ficelle, ni corde que tout près de ces nœuds. Détails ! certainement ; mais comptez donc tout ce que vous coûte en détails de cette sorte, votre service d'emballage. Les frais en seront diminués de moitié, avec simplement un peu d'attention à conserver ce qui peut être réemployer.

CESSION

Vous avez maintenant une maison bien montée, bien menée — La clientèle est faite, sérieuse, fidèle — Les résultats déjà acquis en quelques années, vous permettent d'envisager ou l'acquisition de la grosse affaire qui vous tentait au début ou peut-être de vous retirer simplement de la lutte, pour jouir du repos bien gagné. Vous pensez à *céder*.

Si vous y êtes décidé, il faut le faire savoir, sans doute, mais discrètement. Comme rien ne vous presse, inutile d'en faire une réclame tapageuse. Commencez d'abord à mettre votre Maison en *bonne forme*, par l'application des meilleurs principes.

Débarrassez-vous des articles que l'inventaire déprécierait, par des étalages **réclame**, qui corseront votre vente et vous permettront de présenter à vos acquéreurs un chiffre en progression constante.

Quand vous aurez l'acquéreur, évitez toute dissimulation et présentez-lui votre affaire **loyalement** et **sans restrictions**, c'est le vrai moyen d'être **FORT**.

Que le prix du fonds, clientèle, matériel, etc.., soit raisonnable, pas exagéré, mais cependant rémunérateur. Vous mettez dans les mains de votre successeur, un outil parfait, en plein travail qui vous a coûté des années d'efforts, de patience. Cet outil doit se payer en raison du bénéfice qu'en retirera l'acheteur. Ce prix du fonds, vous vous faites fort de le regagner en un an, deux ans au plus — Le prix du matériel, son état, sont, à côté des avantages, bien peu à considérer.

Vos marchandises seront estimées prix de factures, majorées de 5 - 8 - ou 10 °/₀ **pour couvrir les frais de transports, de main d'œuvre. mise en rayons**, etc., **déchets à l'arrivée** ou au prix de vente, diminués de 25 °/₀, si vous travaillez à 33 °/₀ et cela pour les mêmes raisons -- Vous remettez des marchandises toutes en parfait état de vente sans pertes possibles à prévoir -- Votre acquéreur a donc la sûreté de travailler avec un **bénéfice net de 25 °/₀** - dont il n'aura à déduire que des Frais Généraux qui, avec notre bonne organisation, sont réduits à leur minimum. D'ailleurs, tout article vraiment défectueux ne sera pas compté ou bloqué dans un lot final.

Acte de Vente

Bref, après quelques concessions mutuelles vous tombez d'accord -- et l'on établit l'acte de vente. -- Quelle que soit votre confiance, qu'il vous donne **toute garantie !**. Une maison de commerce se cède rarement après paiement comptant, il reste d'ordinaire de fortes annuités à liquider.

Que tout soit prévu :

1° — Telle somme comptant.

2° — Intérêt à °/ₒ pour le reste, payable par trimestre ou semestre. Ce sera votre rente.

3° — Annuités amortissant le principal (et diminuant la rente proportionnellement).

4° — Garanties par signatures, et **caution** s'il y a lieu.

5° — par inscription du **privilège du Vendeur**,

6° — par obligation **d'assurer** meubles, immeubles et marchandises,

7° — par **reprise** autorisée du fonds en cas de non-paiement.

Toutes ces garanties exigées **simultanément**.

Note. — La **valeur du fonds** est la seule sur laquelle vous puissiez avoir **hypothèque privilègiée**. — Il sera donc stipulé que les versements seront d'abord imputables sur marchandises, pour vous conserver le privilège de vendeur jusqu'a conclusion.

Je ne vous ai pas parlé de garantie par *billets signés* — En réalité ils ne garantissent rien. La vente serait alors considérée comme payée en numéraire et *valeurs* ; valeurs qui ne valent que par les **signatures** et vous placent au même rang que les autres fournisseurs ou créanciers.

Il est imprudent de réduire le chiffre de la vente, pour éviter des frais. Ne l'acceptez pas, accordez plutôt une petite réduction en rapport avec ces frais.

Vous ne ferez pas cette vente sans les conseils consciencieux et désintéressés d'un homme de loi compétent.

Toutes ces précautions, loin d'animoser votre successeur, rendront vos relations futures plus agréables, puisqu'elles ferment la porte aux contestations possibles. Et comme il sera content de trouver un commerce facile, bien organisé, il vous en aura encore de la reconnaissance.

En aurez-vous aussi pour mes bons conseils ?... Je l'espère !..

IMP. G. MALACHANNE
J. COURROUY, Successeur
2, Plan de l'Aspic, 2
— NIMES —

www.ingramcontent.com/pod-product-compliance
Ingram Content Group UK Ltd.
Pitfield, Milton Keynes, MK11 3LW, UK
UKHW022125260726
13993UKWH00003B/1245

9 782329 208329